思考停止社会
「遵守」に蝕まれる日本

郷原信郎

講談社現代新書
1978

はじめに

ドラマ「水戸黄門」で印籠《いんろう》が登場するのは、いつも午後八時四五分。「ここにおわすお方をどなたと心得る。先の副将軍水戸光圀公なるぞ。頭《ず》が高い。控えおろう」という格さんの言葉とともに、葵の御紋の印籠が目の前に突き出されると、それまで、悪行を重ねていた悪代官、悪徳商人も含め、居並ぶ人々はその場にひれ伏します。そして、黄門様が悪者たちを厳しく叱責し、苦しめられていた町人に温情あふれる言葉をかけるという勧善懲悪のエンディングでドラマが締めくくられます。

この印籠は、善悪の評価を確定する絶対的な権威を持っています。印籠が出て来るだけで物語は同様の結末を迎えます。しかし、それが違和感なく受け入れられるのは、それまでのドラマのストーリーの中で、悪徳商人が暴利を貪《むさぼ》り悪代官が私腹を肥やし、それによって罪もない町人たちが苦しめられるという、善玉と悪玉がはっきりした事実が示されているからです。それが、水戸黄門の印籠の正当性を根拠づけているのです。

もし、この水戸黄門の印籠が、八時五分に出てきたらどうでしょうか。テーマ音楽が終わり、代官所の奥座敷で代官と商人が密談している場面でドラマが始まった途端、突然、黄門様が助さんと格さんと一緒に乗り込んできて、印籠が示され、代官と商人の二人はその場にひれ伏します。二人がどのような話をしていたのか、まったく明らかにされません。

密談にもいろいろあって、必ずしも「悪だくみ」とは限りません。代官が商人に慈善事業への貢献を求める話し合いをしていたのかも知れません。しかし、密談に対して印籠が向けられたことで、一切の反論は許されず、二人はただひたすらひれ伏していなければなりません。その場面のままドラマは終わります。そして、五分ごとに別のドラマが始まって、水戸黄門の印籠が出てきて人々がその前にひれ伏すというストーリーが繰り返されるのです。

このような「八時五分に印籠が登場するドラマ『水戸黄門』」と同じことが、今、日本の社会のあらゆる分野で起きています。

「法令遵守」が徹底された今の世の中では、何か問題が表面化すると、事実の中身やその背景や原因などより、法令に違反したかどうかが問題にされ、法令違反はいかなる理由があっても許されません。それと同様に、「偽装」「隠蔽《いんぺい》」「改竄《かいざん》（改ざん）」「捏造《ねつぞう》」に当たる行為を行った者は一切弁解はできません。これらの行為に対しては、マスコミから、そして、世の中全体から、問答無用で厳しい批判、非難が浴びせられます。「法令遵守」や「偽装」「隠蔽」「改ざん」「捏造」への非難は、水戸黄門の印籠と同じように絶対的な権威を持っています。この「印籠」が向けられると、それを行った者は、その場にひれ伏し、悔い改めるしかないのです。

このように「法令遵守」などの「印籠」が登場し、その瞬間から思考停止に陥るという現象が、日本中を覆い尽くしています。法令を遵守したのかしなかったのか、「偽装」「隠蔽」「改ざん」をしたのかしなかったのか、ということだけに関心が集中し、そこでどういうことが行われているのか、何が問題なのか、ということを何も考えなくなってしまっているのです。

物事には市民の生活に密着した日常の世界で起きることと、市民の生活とはかけ離れた非日常の世界で起きることがあります。ドラマ「水戸黄門」の悪徳商人と悪代官の世界というのは、明らかに非日常的な世界です。印籠が出てくるまでの四五分間に展開するドラマが現実の世界とはかけ離れた物語だからこそ、水戸黄門の印籠による「勧善懲悪」的な解決によって決着することに違和感がないのです。現実に世の中で日常的に起きるトラブルには印籠など使えないことがわかっているからこそ、それとはまったく異次元の世界を描く「水戸黄門」のドラマが、お茶の間の多くの人に親しまれてきたのです。

従来の日本の社会における法令には、この印籠との共通性がありました。日常的なトラブルの解決は、法令を使うことなく、話し合いや顔役の裁定や慣行などにしたがって行われてきました。「法令」に基づく「司法的解決」は、社会の中心部で起きる問題に関して中心的な機能を果たしてきたのではなく、その機能は、基本的に、市民とはあまりなじみのない社会の周辺部分、つまり、非日常の世界に限られていました。

刑事司法の機能は、普通の人はやらないような特別に悪いことをする異端者、逸脱者を社会から排除することであり、民事司法の機能というのは、この社会の中の普通の人が普通に起こすトラブルではなくて、感情的ないがみ合いとか近親憎悪的なトラブルというような、普通の手段ではなかなか解決できないような特別な争い事を解決することでした。そういう司法的な解決が行われる世界というのは、新聞やテレビだけで目にする非日常的な世界で、そこで行われる法令による司法的解決というのは、水戸黄門の印籠と同じように、市民生活とは直接関係のないものだったのです。そして、ごく稀《まれ》に、そういう司法や法令の世界と関わり合いを持つことがあっても、「助さん」「格さん」に当たる法曹資格者に促されるままに、その場にひれ伏して、「お上」が決めたことに従うという単純な「法令遵守」の姿勢をとっていればよかったのです。

ところが、二〇〇〇年前後から経済構造改革が進められ、経済活動の自由化の一方で、ルールの徹底が強調されるようになって、状況が大きく変わってきました。「法化社会」という言葉に象徴されるように、従来は、社会の周辺部でしか機能していなかった法令が、社会の中心部に向かってどんどん攻め込んできました。市民生活も経済活動も、否が応でも、法令との関わりを持たざるを得なくなってきました。法令との関わりが日常の世界になりつつあるのです。

そうなると、法令に対する姿勢も、単なる「法令遵守」から変えなければならないはずです。法令の内容やその運用が市民生活や経済活動の実態に適合しているかどうかに市民が関心を持って、より適合するように法令を使いこなしていく、という市民参加型の司法や法令の運用に変えていく必要があります。ところが、法令に対する日本人の姿勢はなかなか変わりません。法令が出てくると、水戸黄門の印籠に対するのと同様に、その場にひれ伏し、何も考えないで「遵守」するという姿勢を続けているのです。

法令が印籠だとすると、本来、印籠を出す立場にあるのは、司法判断を下す裁判所のはずなのですが、法令によって権限を与えられた行政庁が命令という「印籠」を出すことや、法令上は何の権限もないマスコミが、「違法」のみならず、「偽装」「隠蔽」「改ざん」「捏造」などのレッテル付けをして「印籠」を出すということも多くなっています。このような、にわか「助さん」「格さん」が出す印籠に対しても、人々は何も考えないで、ただただひれ伏して従うという態度をとり続けています。それが、八時五分に水戸黄門の印籠が登場して、その後も五分ごとに、印籠が出てきては人々がその前にひれ伏す、という場面が続いている状況です。

こうして日本人全体が陥っている思考停止が、今、日本の社会を大きく蝕《むしば》んでいます。物事が単純化され、本質が見失われ、一面的な評価が行われることで、日本の社会に生じる矛盾、弊害はどんどん大きくなり、国の、そして、社会全体のパワーが確実に低下しています。

二〇〇八年秋、リーマン・ブラザーズの破綻を契機とするアメリカの金融危機は瞬《またた》く間に全世界に波及しました。〇七年秋から景気後退が始まっていた日本経済も危機的な状況に陥っています。戦後の繁栄の象徴とも言えるトヨタは〇九年三月期の業績見通しを上場以来初の営業赤字に修正、ソニーは全世界で一万六〇〇〇人のリストラに追い込まれるなど、日本を代表する企業が未曾有《みぞう》の危機に見舞われて、「派遣切り」で職を失って路頭に迷う人たちの生活は大きな社会問題になっています。

一〇〇年に一度とまで言われる深刻な経済危機によって日本の経済が今後どれだけ悪化

するのか想像もつきませんが、社会全体が悲惨な状況に見舞われることは避けがたいように思います。問題は、落ちるところまで落ちた後、陽を再び昇らせることができるかどうか、厳しい不況から脱却し、景気回復を果たすための力を取り戻すことができるかどうかです。

しかし、戦後を振り返ってみたとき、日本経済が、本当の意味で自らの力で成長を遂げた時期というのは、一九六〇年代の高度経済成長期以降にあったのでしょうか。八〇年代後半の景気拡大は文字通りバブルです。高度経済成長の果実を風船のように膨らませ、それが弾けてしまったに過ぎません。戦後最長などと言われた二〇〇〇年以降の景気拡大は、中国経済の成長による外需の拡大と、日本企業の多くが非正規雇用への転換によって人件費を大幅にカットしたことによるものです。

そう考えると今、私たちに問われているのは、戦争による荒廃から立ち直って奇跡の復興、高度経済成長を遂げた一九六〇年代のようなパワーを取り戻すことができるかどうかです。あの頃の日本社会、そして、それを構成する企業や官庁などの組織とその構成員には、この国の未来を切り拓《ひら》こうという夢と目的意識と一体感に裏付けられたパワーがあったはずです。

法令、規則、規範、あらゆるものの「遵守」を押し付けられ、思考停止状態に陥っている現在の日本の社会と組織には、そのパワーは望むべくもありません。

『「法令遵守」が日本を滅ぼす』（新潮新書）というタイトルの本を世に出したのがちょうど二年前の二〇〇七年の一月。私は決して、この本で「大予言」をしたかったわけではありません。「形式的な法令遵守を上から下に命令していくだけの誤ったコンプライアンスばかりを続けていると、本当にこの日本の社会は壊れてしまいかねない、しかし、『法令遵守』ではなく『社会的要請に応えること』をめざす真のコンプライアンスは、決して日本を滅ぼしたりはしない。むしろ、それこそが、混迷した日本の社会を救う鍵になるのだ」ということが言いたかったのです。しかし、残念ながら、その後の社会の状況は、あたかも同書が予言書になってしまったような感があります。「遵守」による弊害は一層拡大し、社会を押しつぶそうとしています。

今こそ、何も考えないで「遵守」するという姿勢から脱却して、起きている物事の本質、根本を理解し、認識し合い、めざすべきものを明確にした上で、力を合わせていくべきときです。それができるかどうかが、本当に日本が「法令遵守」に滅ぼされないですむか否かの分かれ目です。

本書では、様々な分野で法令・規則や「偽装」「隠蔽」「改ざん」「捏造」の禁止という「印籠」が思考停止を招いている現実についてお話ししていきます。そして続く章では、

「遵守」という姿勢、考え方がなぜ思考停止をもたらすのか、それまでの章で述べた事例に基づいて、「遵守」による思考停止のプロセスを検証します。そして、最後の章で、「遵守」という考え方から脱却するために、何をどう考え、どういう方向をめざして、何を行っていったらよいのかについて、私なりの考え方を示してみたいと思います。

郷原信郎

二〇〇九年二月

目次

第5章　厚生年金記録の「改ざん」問題をめぐる思考停止 ―――― 119

第6章　思考停止するマスメディア ―――― 159

第1章　食の「偽装」「隠蔽」に見る思考停止

繰り返される食品企業バッシング

二〇〇七年一月の不二家問題以降、「白い恋人」の石屋製菓、赤福餅の赤福などで消費期限、賞味期限に関する問題が表面化、ミートホープ、比内《ひない》地鶏、船場吉兆などによる原料や産地の偽装が発覚、この年の世相を表す漢字に「偽」が選ばれるなど、世間の関心が食品業界の「偽装」に集中しました。そうした中で、もう一つ、しばしば批判・非難の対象とされるのが、「隠蔽《いんぺい》」です。把握した情報を開示しないことは許されないというのが最近の風潮です。

そういう最近の風潮の下では「偽装」「隠蔽」は無条件に悪いことで、一切の弁解は許されません。それらに当たる行為を行ったとされた企業とその関係者は、黄門様の印籠の前にひれ伏すように、ただただ、謝罪し、反省するしかない、ということになります。

しかし、こうした現状が、本当に、社会全体にとってプラスになっているのでしょうか、食品を購入する消費者の利益になっているのでしょうか。

むしろ、このような社会の風潮・論調は、日本社会に大きなマイナスを生じさせているのではないでしょうか。そのような食品企業バッシングの当事者であるマスコミの側ですら、決して、それらをすべて「正しい」と考えてやっているわけではないのです。不祥事企業を徹底追及している記者自身も「やり過ぎだ」と思いながら、全体的な雰囲気、論調が変わらないので、従前どおりの方向で取材、報道せざるを得ない。まさに、思考停止に陥ってしまっているのです。

そこで、この問題に関して三つの事例を取り上げて考えてみたいと思います。まず、第一に、期限切れ原料の使用の問題で猛烈なバッシングを受け、食品企業に対する「偽装」「隠蔽」批判の契機となった不二家の問題、第二に、その頃から他の食品企業で相次いだ、期限切れ原料、食材の使用問題での社告、自主回収の動きの代表例と言えるローソンの「焼鯖《さば》寿司」回収の問題、そして、第三に、健康被害がまったく考えられない食品の大規模自主回収の典型的な事例である伊藤ハムの問題です。

不二家はなぜ存亡の危機に立たされたのか

二〇〇七年一月、消費期限切れの牛乳を原料に使ったシュークリームを製造・出荷していたことが発覚したことなどで菓子メーカーの不二家は、新聞、テレビなどから連日激しいバッシングを受け、存亡の危機に立たされました。

この不二家問題のキーワードは「発覚したら雪印の二の舞」という言葉でした。不二家は、この言葉を使って社内で箝口令《かんこうれい》を敷いて事実を隠蔽しようとした、そこまでやるぐらいだから、その「消費期限切れの牛乳」というのはよほど不衛生なもので、それを原料として使用した不二家の行為は食品メーカーにあるまじき悪質なものだ、というのが、一般の人の認識でした。

しかし、実態はまったく異なっていました。

私は、不二家がこの問題で猛烈なバッシングを受けている最中に、同社の信頼回復対策会議の議長に就任し、不二家の信頼失墜の原因調査と信頼回復のための対策の検討を行いました。その調査の中で、世の中の多くの人の不二家問題に対する認識が誤っていることが明らかになりました。

まず、問題となった「消費期限切れ」ですが、「消費期限」と「賞味期限」は、大まかに次のように使い分けられます。消費期限は、製造日を含めて五日を過ぎると品質低下が起こる、日持ちのしない食品に表示されるものです。弁当や調理パン、惣菜などに表示され、期限内に消費しなければならないものです。一方、賞味期限は、比較的傷みにくい加工食品や調味料、菓子類などに表示され、その期限までならおいしく食べられるが、期限を過ぎてもすぐに食べられなくなるというものではありません。

牛乳の期限表示は、例外的に消費期限表示の対象となる低温殺菌牛乳を除くと、通常賞味期限です。不二家が原料に使用する牛乳は、UHT殺菌という超高温殺菌の牛乳だったので、本来は賞味期限表示の対象なのですが、不二家の埼玉工場では原料牛乳の一部に、集乳缶という金属製の非密封容器を使っており、工場内での雑菌の混入の可能性が完全には否定できないという理由で、原料メーカーは製造日から五日という消費期限の表示をしていたのです。

しかし不二家では、この集乳缶方式の原料牛乳は、すべて加熱工程を経る商品にだけ使い、十分な衛生管理をしていました。問題になったシュークリームもそうです。そして最終的には菌検査を行って安全性を確認していました。そういう意味では、消費期限の表示にはなっていいましたが、全体としては、仮にこの消費期限を一日超過したとしても、安全性、品質は十分に確保されていました。実際に、消費期限を一日切れた牛乳を使用したシュークリームの菌検査の結果は何の問題もなく、クレームの一つすら来ていなかったのです。ですから、形式的に社内基準に違反することは間違いありませんが、衛生上も、品質保持上も、まったく問題なかったのです。

また、「発覚したら雪印の二の舞」という言葉も、不二家内部の人間が考えた言葉ではなく、同社が業務の全面見直しのために委託した外部コンサルタント会社のスタッフが考えた言葉でした。たまたま消費期限切れ原料使用の事実を発見したコンサルタント会社のスタッフが、なかなか言うことを聞いてくれない現場にプレッシャーをかけようとして、センセーショナルな表現を使った報告書を作り、不二家の経営陣も加わった会議の場にいきなり提出し、それが外部流出したものでした。

不二家がマスコミや社会から強い批判を受けたのは、消費期限切れの原料使用の「隠蔽」が原因でしたが、実際には、不二家の側が積極的に隠蔽を図ったわけではありませんでした。単に、全量消費済みで健康被害も品質上の問題もまったく生じなかった過去の期限切れの原料使用の事実を「公表しなかった」だけのことだったのです。

しかし、いったん火がついたマスコミの「隠蔽」批判は、なかなか治まりませんでした。その多くの報道が、食品衛生法や食品の製造実態についての無理解や誤解に基づくものでした。埼玉工場での生菓子製造に関しての基準違反、細菌数、苦情件数から始まって、一般のクッキー、チョコレートの異物混入、フランチャイズチェーンでの消費期限切れ材料の使用の事実などが、極めて不正確な内容で次から次へと報道され続けました。

なかには、食品中に含まれる「細菌数」についての検査指標に過ぎない「大腸菌群」を重大な健康被害に結び付く「大腸菌」と混同して、「大腸菌検出しても、回収せず」などという表現で報道したメディアもありました。告発証言はすべて匿名《とくめい》、モザイク映像で、真実性が疑わしいもの、証言者の存在すら疑わしいものも多数ありました。

その中でも特にひどかったのは、TBS系の情報番組「みのもんたの朝ズバッ!」(以下、「朝ズバッ」）の報道でした。この番組では、一月中だけで合計三時間四〇分、一日平均一五分という異常なまでの時間をかけて連日、不二家バッシング報道が行われていたのです。

「朝ズバッ」の不二家バッシングの中で、みのもんた氏が、「こういう問題を起こした不二家の製品は店頭から撤去すべき」というような発言を繰り返したこともあって、不二家製品は、全国のスーパー、コンビニ等の売り場から撤去されました。そして、一月末には缶飲料まで販売停止とされ、不二家は製造・販売の全面停止に追い込まれました。

問題とされた事実は、単なる形式的な社内基準違反に過ぎず、しかも、作為的な隠蔽を図ったわけでもないのに、不二家は「隠蔽」を理由に猛烈なバッシングを受け、企業としての存亡に関わる事態にさらされたのです。

ローソンの「焼鯖寿司」回収

このような不二家に対するバッシングが続いている最中に、食品企業が、次々と消費期限、賞味期限切れの原料使用や期限切れ商品の販売の事実を自主公表し、自主回収を行いました。その中で、「焼鯖寿司」五〇八個と「にぎり寿司」五三四個を自主回収したのがコンビニ大手のローソンでした。

この問題というのは、生鮮食品の寿司そのものではなく、添付してあった袋詰めの醤油が賞味期限を一日から四日過ぎていたことでした。それが判明してローソンがとった対応が一〇〇〇個を超える寿司の回収だったのです。

法令規則の遵守という観点からすると、同社の対応は決して間違っていたとは言えません。「賞味期限が切れた商品を販売することは、いかなる場合であっても許されない。それが判明した以上、ただちに自主回収」というのが同社の規則で、それに従ったということだと思います。しかし、代表的な保存食品の醤油が、賞味期限を数日過ぎただけで品質に問題が生じることなどあり得ません。こうしたケースでは賞味期限の切れていない醤油を各店に置き、誤って出荷した賞味期限切れのものと交換する、その際、お詫びとして何らかのサービス品を渡すという対応で、だれもが納得したのではないでしょうか。

ローソンは、ちょうど不二家の問題が表面化して、食品の期限問題に社会の関心が集まっていた時期だったために、社内基準を厳格に適用して、一〇〇〇個を超える商品の回収という選択をしたのだと思います。

そして、このローソンのような対応は、不二家問題表面化後の多くの食品企業の対応に共通しています。健康被害もまったくなく、その危険すらなかった消費期限切れ牛乳の使用問題で、名門企業不二家が、企業存亡の危機に立たされているのを目の当たりにすれば、とにかく、過剰に思えるぐらいの反応を行って、マスコミから批判を受ける芽をつんでおこうというのは、ある意味では賢明な判断だとも言えます。

しかし、それは、社会全体として見た場合、決して賢明な選択とは言えないと思います。このような、期限切れ問題での自主公表、自主回収が、膨大な量の、安全で十分においしい食品を無駄にし、大量の廃棄物を生じさせました。それは、社会全体としてみると、大きな損失と言わざるを得ません。企業としてそういう対応をせざるを得ないというのが、社会全体の思考停止状態を象徴しているように思います。

伊藤ハム問題は食の安全の問題か

そして、不二家の問題と同じように、健康被害の可能性がまったくないのに、マスコミや世の中から厳しい批判・非難を受けたのが伊藤ハムでした。

二〇〇八年一〇月二五日の夜、伊藤ハムは記者会見を行って、工場で使用している地下水からシアン化合物が検出されたことと、ソーセージ、ピザなど一三品目二六七万個を自主回収することを公表しました。千葉県柏市にある同社東京工場での九月一八日の定期検査で、使用する地下水から水道法の基準値（一リットルあたり〇・〇一ミリグラム）を上回る〇・〇二ミリグラムのシアン化合物を検出。一〇月一五日の再検査の結果でも基準値を上回ったので、二三日に地元の保健所に相談に行ったところ、ただちに公表するよう指示され、自主公表、自主回収に至ったのです。

この問題は、記者会見翌日の朝刊で、一面トップ、社会面トップなどで大々的に報道されました。各紙の記事には、シアン化合物の毒性について、「大量に摂取すると窒息症状やめまい、頭痛、けいれんなどを起こす」などという解説も付されました。

こうした事実経過からは、この問題が、シアン化合物という健康に有害な物質が食品製造に使用する水に含まれていたという、食の安全に関する問題のように思えます。しかし、実質的に見ると、この問題は食の安全の問題とはまったく言えないのです。

極めて微量のシアン化合物が検出されたのは飲用水ではありません。それを、食品製造に使用しても、個々の食品に含まれるシアン化合物は、ほとんど数字で表せないほど微量です。実際に自主回収の対象となった商品からはまったく検出されませんでした。しかも、その地下水の含有量も、日本の水質基準は超えますが、世界保健機関が飲料水質ガイドラインで定める基準の三分の一以下でした。国際的な水準では、飲用に適さないとされるようなレベルではなかったのです。全国生活協同組合連合会のホームページによると、この地下水で製造したソーセージを一日三九〇袋一生食べ続けても健康上まったく問題ないレベルだとのことです。

伊藤ハムの行為は「違法」なのか

伊藤ハムは水道法の水質基準を超えるシアン化合物を含有する地下水を食品製造に使用したのですが、実はその行為が法令に違反するのかどうかも疑問です。水道法による義務は「水道事業者」「専用水道設置者」などに該当する者について生じるものです。伊藤ハムは「水道事業者」ではないことは明らかですし、他人が飲料水・生活用水などに使用する水を供給する水道を設置しているわけではないので「専用水道設置者」にも当たりません。したがって、水道法上は伊藤ハムに法的責任が生じるということはありません。

また、食品衛生法一一条一項に基づく規格基準には、食肉製品の製造過程の一部用途については、水道法の基準に適合する水を使用しなければならないと定められていますが、問題になった製品はこの食肉製品には含まれません。要するに伊藤ハムの行為は食品衛生法にも直接違反するものではないのです。

では何が違法なのか。伊藤ハムが設置した「調査対策委員会」の報告書は、柏市食品衛生法施行条例違反があったことを前提に書かれており、柏市保健所がそのような解釈をしたのだと思います。要するに、「作業場において使用する水は、飲用に適するものであること」という条例の規定に違反したということです。形式上はそういう解釈もできないわけではないのでしょうが、この条例は「営業の施設の内外の清潔保持」などに関する食品衛生法の委任を受けて定められているものです。要するに、「人が集まる場所では汚い水を使ってはいけない」という当然のことを言っているに過ぎないのです。そういう条例の規定が、食品衛生法で規制の対象外とされている事項にまで適用されて大手食品の行為が「違法」とする根拠にされるというのは、理解し難いところです。つまり、この伊藤ハムの問題は、本当に「違法行為」に該当するのかすら極めて疑わしい事案なのです。

伊藤ハムが大バッシングを受けた原因

自主公表による伊藤ハムへのダメージは計り知れません。回収の対象商品のみならず、伊藤ハムの商品全体に「シアン」という言葉のイメージが重なり、同社の商品販売は大きな打撃を受けました。前期六〇億円を超える営業利益を計上していた同社は、二〇〇九年三月期の決算では一転して営業損失の見通しに追い込まれました。

このような、まったく健康への影響がないレベルの問題で、なぜ、これ程までに伊藤ハムが批判・非難を受けたのか。それは、要するに、九月一八日にシアン化合物が検出された段階で、その事実をただちに公表しなかったことが「隠蔽」に当たるとされたからです。まさに、「隠蔽」の印籠を突き付けられたのが、このときの伊藤ハムだったのです。

しかし、九月一八日に微量のシアン化合物が検出された段階で、その事実をただちに公表しろというのはあまりに酷です。このとき検査したのは、地下水を工場内で処理した処理水でした。その中から有害物質が微量検出されたのであれば、まず、処理工程に原因があるのではないかと疑うのが通常です。伊藤ハムの工場関係者もまず処理工程を検証しましたが、問題は発見されませんでした。

そして、一〇月に入って、今度は地下水の原水の検査を行ったところ、そこからも微量のシアン化合物が検出されたので、保健所に報告したのです。伊藤ハム側が保健所に通報した趣旨も、「地下水の原水から微量のシアン化合物が検出されたということは、周辺に汚染源があって、もっと高濃度のシアン含有水が飲用に使われている恐れがある」というもので、公益的観点からだったのだろうと思われます。ところが保健所は、その極めて微量のシアン化合物を含有する地下水を使用して食品を製造したことのほうを問題にしたのです。

そして、保健所の指導により、伊藤ハムは、一〇月二五日（土曜日）午後八時から、この問題についての記者会見を行いました。実は、この記者会見のタイミングが決定的でした。この週は、アメリカの金融危機が深刻化し、日米の株価が連日大幅に値下がりしていました。新聞は、経済面、政治面ばかりでなく、社会面も、その関連記事で埋め尽くされていました。もし、伊藤ハムの記者会見が平日に行われていたら、記事の扱いは小さく、ベタ記事程度だったと思います。ところが、証券市場が開かれない土曜日の翌日の日曜日の朝刊は、金融危機関連の記事がほとんどなく、紙面がガラガラです。同じニュースでも記事の扱いはまったく違ったものになります。

しかも、土曜日の午後八時という時間の会見は、記者たちを「緊急を要する重大な事態発生」というイメージを持って会見場に向かわせることになります。金融危機問題に揺れた一週間が終わり、「そろそろ仕事を終えてゆっくりしようか」と考えている記者が多かったでしょうから、そういうタイミングで会見ということになると、会見場が最初から気色ばんだ雰囲気になるのも無理はありません。

「こんな時間にわざわざ呼び出したんだから、会見の趣旨をはっきりさせろ、謝罪するのか、しないのか」、と促されて、会社幹部が深々と頭を下げる写真を撮られ、それに見合うだけの謝罪の弁を述べるよう徹底的に追及される、ということで、会社側の当初の意図とは違って、謝罪一色の会見になってしまいます。それが、翌日の朝刊で、一面トップ、社会面トップ記事で大々的に報道されることにつながったのでしょう。

こうして、伊藤ハムは、完全にシアン化合物検出の事実を「隠蔽」した企業、という烙《らく》印《いん》を押され、各紙の社説などでも厳しく批判され、東京工場の閉鎖という事態にまで追い込まれたのです。

企業がこのようにして一度マスコミからバッシングを受け始めると、その企業に関して何か問題があると、些細《ささい》なことでもその企業を批判する方向で過大に取り上げられることになります。シアン化合物問題が表面化した直後、伊藤ハム製のウインナーソーセージから異臭がするとの訴えがあり、検査の結果トルエンが検出されたため、自主回収するという問題が発生しました。伊藤ハムに対するバッシングが続いている最中だったために、保健所もただちに伊藤ハムの工場に立入検査に入り、あたかも、伊藤ハムの不祥事が連続して起きたかのように受け止められました。

しかし、間もなく、この問題は、伊藤ハムに包装用フィルムを納入した大日本印刷の側の問題だったことが、明らかになりました。客観的な原因が明らかになったことで伊藤ハムに対する疑いは晴れましたが、この事実が明らかになっていなければ、この問題も伊藤ハムの商品に対する信頼を損なう原因の一つになりかねませんでした。

食品企業に対する「隠蔽」批判

不二家の問題も、伊藤ハムの問題も、共通するのは、食に関する問題の「隠蔽」として厳しい非難を浴びたことです。不二家は、健康被害がまったくなく、その恐れすらなかった社内基準違反の消費期限切れ牛乳の原料使用の事実を公表しなかったという問題で、世の中から大変なバッシングを受け、企業としての存亡の危機に立たされ、実際に、同じ食品メーカーの山崎パンの子会社になる運命をたどりました。伊藤ハムは、客観的に健康への影響はゼロと言える極めて微量のシアン化合物を含有する水を食品製造に使用したことを公表するのが遅れたという問題で、三〇〇万個を超える食品の回収と主力工場の操業停止にまで追い込まれました。

そして、ローソンの鯖寿司の回収問題では、「隠蔽」との批判を受けるのを極端に恐れたことが、添付されている醤油の賞味期限が若干切れていたというだけで、それ自体の品質にはまったく問題がない多数の食品を回収して廃棄するという結果につながりました。

このように、食に関する「隠蔽」への批判が、水戸黄門の「印籠」のように絶対的なもので、まったく弁解の余地がないもののように扱われていますが、実は、そこに大きな問題があります。

「隠蔽」というのは、「物事を隠すこと」を意味する言葉です。本来の意味は、何らかの情報が明らかにならないよう、何らかの工作、つまり「隠蔽工作」をするという意味です。ところが、最近の企業不祥事などで使われる「隠蔽」という言葉は、もっと広い意味です。要するに、「企業等が何らかの事実を把握し、公表しなければいけないのに公表しなかった」という、単なる「非公表」という不作為も、「隠蔽」という言葉で非難されるのが、最近の風潮です。

その転機になったのが不二家事件でした。この問題が最初にマスコミで報道されたときは「発覚したら雪印の二の舞」という言葉から、不二家が、消費期限切れの牛乳の原料使用の事実を作為的に隠蔽したことが問題にされたのですが、実際には、その言葉は外部コンサルタントのスタッフが考えた言葉で、不二家側が積極的に隠蔽工作を行ったわけではなかったことは前に述べた通りです。しかし、そのことがわかってからも、マスコミの「隠蔽」批判は変わりませんでした。この頃から、マスコミの論調が、過去に起きた期限切れ原料使用の事実を公表しなかった、という不作為も「隠蔽」ととらえる方向に向かっていったのです。

その半年前の二〇〇六年六月に出されたダスキン事件大阪高裁判決で、過去の違法行為の事実を自ら積極的には公表しないことを決めた取締役会の決定が「消極的な隠蔽」だとされて取締役が損害賠償を命じられたことも、企業側の違法行為の公表義務に大きな影響を与えたことは間違いありません。

しかし、ここでの「違法行為」というのは、無認可添加物を含む肉まん販売継続の事実と、口止め料を支払ったりして隠蔽工作を行った事実です。不二家の場合のように、単なる形式的な社内基準違反の問題に対する単純な非公表とは性格が異なります。どんな些細な問題でも公表しないと「隠蔽」と非難される社会的風潮を招いたのは、やはり不二家問題の影響が大きいと考えられます。

そういう「単なる非公表」という不作為の意味で「隠蔽」という言葉が使われるとすると、それは、「公表すべき義務がある」という判断を前提にしていることになります。では、企業は、食品に関する問題について、どういう場合に、どういう理由から公表しなければならないのでしょうか。その点を明確にしておかないと、「単なる非公表」を非難することはできないはずです。

なぜ事実の公表が必要なのか

食品企業が、商品に関する事実を公表することが必要となる理由は二つに大別されます。

第一に、最も重要な理由は、被害の発生・拡大の防止です。食品衛生上問題がある食品や、有害物質を含む食品を供給した事実が明らかになり、それによって健康被害が生じる恐れがある場合には、その商品が新たに消費されることで被害が発生する危険性がある場合でも、すでに消費された商品によって健康上の危険が生じていて、その危険を除去するために何らかの措置が必要な場合でも、ただちに事実を公表し、迅速に商品の回収等の必要な措置をとることが求められます。この場合の公表や措置の遅れは、当然当該食品企業に対して致命的な批判・非難を生じさせることになります。

しかし、最近の食品企業をめぐる不祥事で、このような被害の発生・拡大防止のために公表が求められる事例というのは、あまり多くありません。圧倒的に多いのは、第二の理由、つまり、消費者に提供する情報に誤りや不十分な点があった場合に、それを是正することで消費者の商品選択権を確保することが求められるという理由です。

食は人間の生活の最も基本的な要素です。どのような食品を摂取するのか、という選択が、自らの意思によって自己の責任に基づいて行われるためには、摂取する食品についての情報が消費者にできる限り正確に提供されることが必要です。

消費者に提供が求められる情報の一つに有害物質に関するものがあります。客観的にまったく危険がないと判断される場合でも、消費者に対する正確な情報提供という面からは、公表する必要がないとは必ずしも言えません。

ただ、安全に関するあらゆる情報を提供することが本当に社会の要請に応えるものと言えるかは微妙です。かえって消費者に無用の誤解を与えるということもあり得るのです。

味の良さを判断するための情報も、消費者から強く提供が求められます。「少しでもおいしいものを食べたい」との人間の根源的な欲求に応えることは食品企業にとっての企業価値の一つだとも言えます。しかし、この「味の良さ」に関する要素は多種多様で、多分にイメージに影響される相対的なものです。その優劣の判断が複雑で微妙だというところに、賞味期限、産地、原料などの表示に関して問題が発生する原因があります。

誤った情報ないし不十分な情報提供に関して公表が求められるケースも、供給した商品が市場に残留している場合とすでに全量消費されている場合に分かれます。

前者の場合、誤った情報を表示した商品、情報が不十分な商品が市場に残留しているのであれば、その情報に基づいて消費者が商品を選択することがないように、それを是正するための公表や商品の回収を行う必要がありますが、その必要性の程度、求められる迅速性は、第一の場合とは異なります。公表や回収が必要か否か、どのような方法によって行うべきかを、情報の誤りの重大性によって判断することになります。

後者の場合、誤った情報を表示した商品を供給した事実とその情報に基づく消費者の商品選択はすでに終了しており、そのような誤った情報を提供した企業が「過去の事実」をどう取り扱うかという問題が残っているだけです。その事実は、企業に対する消費者の信頼を低下させる事実です。しかし、その事実を秘匿していたことが外部から明らかにされると、その企業に対する信頼が損なわれることになりかねないので、信頼を確保するために、事実の自主公表が必要となる場合があるのです。

食品企業の「公表義務」というのは、このように整理して考える必要があります。このうちのどの理由から公表が求められるのかを明確にしなければ、その事実の「非公表」を「隠蔽」として非難することはできないはずです。

不二家、伊藤ハムの行為は「隠蔽」なのか

不二家の問題と伊藤ハムの問題は、いずれも、事実の公表が求められる理由が、第一の被害の発生・拡大の防止ではなく、第二の理由、つまり、消費者への情報提供の問題であることは明らかです。

不二家の場合は、問題になった期限切れ牛乳を原料に使用したシュークリームは全量消費済みで、健康被害も品質上のクレームもまったくありませんでした。公表を行うとすれば、第二の理由、つまり、過去に起こした問題を積極的に開示することで企業としての信頼を確保するためです。企業のコンプライアンスという観点からは、その事実を調査して原因を究明し、是正措置をとった上で公表することが企業の信頼を一層高めることにつながりますが、それを公表しなかったからと言って、「隠蔽」などと言われる筋合いはあり

ません。

しかし、当初、「発覚すると雪印の二の舞」という言葉で積極的な隠蔽工作を行ったという問題だったのが、いつの間にか、過去の事実を公表しなかったという「単なる非公表」の問題にすり替えられ、「隠蔽」という評価が維持されたのです。

伊藤ハムの場合も、健康被害の可能性はまったくなく、被害の発生・拡大の防止のための公表が求められる事例ではありません。公表が求められるとすれば、第二の理由、つまり、商品の安全に関する消費者への情報提供の問題です。

消費者の商品選択権という観点から極論すれば、食品企業は、健康被害の危険性があろうとなかろうと、法令上の義務があろうとなかろうと、食品についてのあらゆる情報を正確に提供することが義務なので、食品製造に使用する水からシアン化合物が検出された以上、いかに微量であっても、その事実をただちに公表すべきという考え方もあり得なくはないでしょう。しかし、それが、果たして、消費者の利益を実質的に図ることになるでしょうか。

「シアン化合物」という言葉のイメージは極端に悪く、消費者に強烈な負のイメージを植えつけます。そういう物質が、食品自体ではなくその製造に使用した水に、健康への影響がまったく考えられない程微量に含まれていたという場合にまで、そういう情報を提供することは、かえって消費者の誤解と混乱を招くことになるのではないでしょうか。

自然界には、大量に摂取すれば健康に影響が生ずるものは数限りなく存在します。そのようなリスクファクターの含有をすべてゼロにすることは不可能です。食品に含まれるものをすべて正確に表示して消費者に情報提供するということであれば、たとえば、食品に「シアン化合物○ppm」「大腸菌群○○」というような表示をする必要がありますが、私なら、そういう表示の食品は食べたくありません。

結果から見れば、シアン化合物が検出された段階で、その事実を公表し、生産を停止していれば、同社のダメージははるかに小さなもので済んでいたでしょう。しかし、社会全体の利益という観点から考えた場合、そのような措置をとることが望ましかったと言えるでしょうか。

伊藤ハムは、大手のハム・ソーセージメーカーです。お弁当のウインナーソーセージを楽しみにしている子供たちも含め、多くの消費者のニーズに応え、食品を安定供給する社会的義務を負っています。それは、食品企業として最も基本的な義務です。

そういう食品企業にとって、客観的にみて健康被害の恐れがない程度の問題でただちに工場の生産を全面的に止めることが、本当に社会の要請に応えることと言えるのでしょうか。

諸外国の多くでは、当局は、健康被害の危険があると判断したときに初めて回収指示を出し、基準値を超えただけで即回収はしない方針をとっています。マスコミの報道も、そういう考え方を前提にしています。それと比較すると、国際基準とかけ離れた厳しい基準を定め、その基準を上回っただけで公表を求められ、大規模な商品回収という事態に発展し、そして自主回収を行った企業もマスコミから激しいバッシングを受けるという日本の現状は異常としか言いようがありません。

もっとも、メディア関係者の中にも、このような日本の食品をめぐる報道の異常性を指摘し、問題提起しているジャーナリストもいます（松永和紀『メディア・バイアス―あやしい健康情報とニセ科学』光文社新書、小島正美『誤解だらけの「危ない話」―食品添加物、遺伝子組み換え、BSEから電磁波まで』エネルギーフォーラム）。また、現場で取材に当たっている記者の多くも、程度の差はあれ、そのような問題を認識しています。ところが、それがマスコミ全体の論調には全く結びつかないのです。そこに、この問題をめぐるマスコミ報道の病巣《びょうそう》の深さがあります。

このような現状の背景には、不祥事の多発を受けて一層強調される「企業コンプライアンス」の影響もあります。それによって、通報や自主公表という形で、情報が、その実質的な意味を考えられることもなく、現場から経営者に、会社から当局に、マスコミに、そして消費者に機械的に伝わっていくことになります。しかも、情報の内容はマスコミによって単純化され、消費者に極端な印象を与えることになります。「何でも情報開示」というコンプライアンスによる思考停止の連鎖が、食に対する消費者の不安をいたずらに煽《あお》る結果になっています。

一層深刻化する思考停止

不二家の問題では、当初は、会社側は、マスコミからの反発を恐れて、一切の弁解、反論を行わず、叩かれ放題の状態でしたが、第6章で詳しく述べるように、TBS「朝ズバッ」の「チョコレート再利用疑惑報道」に関する捏造《ねつぞう》の疑いが信頼回復対策会議報告書で指摘され、その後も、私が個人の立場でTBSの追及を続けたことで、社会の関心がTBS問題のほうに移り、不二家に対するバッシング報道は急速に沈静化しました。講演や執筆を通じて、不二家が原料に使用した消費期限切れ牛乳が食品衛生上も品質上もまったく問題なかったこと、「雪印の二の舞」という表現は外部コンサルタント会社によるものであることを強調し続けたので、それらの点についての認識はかなり広まったと思われます。

しかし、伊藤ハムのほうは、いまだに、問題の本質がまったく理解されないままです。

問題が発生した直後に同社が立ち上げた「調査対策委員会」の報告書が二〇〇八年一二月二五日に公表されましたが、その中には、弁解や反論めいたことは一切触れられていません。おそらく会社側がマスコミ側からの反発を恐れたからでしょう。

不二家問題から伊藤ハム問題へ。この二年間で、食品問題をめぐる思考停止状態が一層深刻化したことの表れと言うべきでしょう。

第２章　「強度偽装」「データ捏造」をめぐる思考停止

コンプライアンス不況

前章では、私たちが日常的に消費する「食をめぐる問題」を取り上げましたが、本章では、建物や構造物の建設をめぐる「偽装」「捏造《ねつぞう》」の問題を取り上げたいと思います。まず、誰しも記憶に新しいのが「耐震強度偽装問題」です。

二〇〇五年一一月、ある一人の一級建築士が構造計算書の偽装を行っていた事実を国土交通省が公表しました。

構造計算書というのは、地震などに対する安全性の計算を記した書類のことです。これは建築確認申請の際に提出が求められていますが、この建築士が行っていた不正は、国土交通大臣認定の構造計算ソフトウエアによる計算結果を改ざんするというものでした。耐震強度を偽装した書類を、建築確認申請のために行政や民間の指定確認検査機関に提出していたのです。

国土交通省が事件を公表し、マスコミは大々的に報道しました。その中で建築基準法に定められた耐震基準を充たさないマンションやホテルなどが同様の手口によって建設されていた事実が次々と明らかになり、世間を震撼《しんかん》させる大騒動になりました。国交省は、耐震強度が大幅に偽装された建物の使用を禁止。入居したばかりのマンションに住めなくなった住民が、多額のローンを抱えて住居を失ったことが大きな社会問題となりました。

この事件では、構造計算書を偽装して耐震強度を実際より高く見せかけようとした姉歯秀次元一級建築士の「建築士にあるまじき悪行」のほか、関係者から多数の逮捕者が出ましたが、耐震強度偽装事件そのものに関して摘発されたのは、偽装の事実を知りながらマンションを販売した詐欺の容疑で逮捕・起訴されたマンション・デベロッパーのヒューザーの小嶋進社長と、安全性が確認されていないことを知りながら建物を販売した詐欺の容疑で同じく逮捕・起訴された施工者の木村建設の木村盛好社長（木村社長は粉飾決算の建設業法違反でも摘発）だけでした。

構造計算書の偽装を行った張本人の姉歯元建築士は、「名義貸し」の建築士法違反幇助《ほうじょ》と議院証言法違反、建築確認で偽装を見過ごした民間確認検査機関のイーホームズの藤田東吾社長は、「見せ金増資」の公正証書原本不実記載、という別件の法令違反で摘発されました。要するに、あらゆる「法令」を使って耐震偽装された建物の建築の関係者が処罰され、事件の決着が図られたのです。

こうして世の中の関心が耐震強度偽装に集中したことを受けて、国交省は、耐震強度偽装という不正行為の再発を防止するため建築基準法の改正を行いました。偽装が絶対に行われないよう建築確認について厳格な手続が規定され、偽装が行えない認定コンピュータソフトの使用が義務付けられました。

しかし結局、法律が施行された段階で、厳格な手続で建築確認を行うための体制が整わず、認定ソフトも完成していませんでした。それが建築確認申請の手控えや審査手続の大幅な遅延につながりました。全国のマンションや住宅などの建築が一時的にストップし、住宅着工件数が激減、建築、不動産をはじめ関連業界は大変なダメージを受けました。

それは、数字にも如実に現れています。改正建築基準法の施行は二〇〇七年六月ですが、その直前の同年五月の建築確認交付件数は約五万八〇〇〇件でした。それが改正法の施行直後の七月には、約三万七〇〇〇件にまで減少しました。その後は徐々に持ち直したものの、しばらくは前年比四〇%の大幅減という状態が続きました。

建築市場には住宅メーカーや建設会社だけでなく、建設資材や住宅設備、さらには家具や家電など多くの業種が関わっています。建築確認交付件数の大幅な減少は、建築産業に関わるこれら多種多様の業種の人たちからビジネスの機会を奪うことになりました。実際、建築件数の大幅な減少の影響を受けて倒産する企業も出ました。

影響はそれだけにとどまりませんでした。ちょうど、それ以前から始まっていた原油などのエネルギー価格や鉄鉱石等の原料価格の高騰の勢いが激しくなり、建設コストが大幅に上昇しました。工事の着工が建築確認の遅れによってストップしている間に資材価格が高騰し、大幅なコスト増を建築請負代金やマンション等の販売代金に転嫁《てんか》できないため、結局、建設業界も不動産業界も、売上の減少と原価上昇のダブルパンチを受けることになりました。

二〇〇八年の秋から日本は、深刻な景気の悪化に見舞われています。その直接の原因は、リーマン・ブラザーズ破綻が契機となったアメリカの金融危機、そして、それが世界全体の金融不安に発展したことです。しかし、日本経済の変調は、それより一年以上も前の〇七年夏から、建設、不動産業を中心に始まっていました。〇八年に入ってからは上場企業の倒産も相次いでいたのです。その原因となったのが、この耐震強度偽装問題を発端とする建築基準法改正がもたらした建築不況だったのです。

一人の建築士が行った耐震強度偽装という不正行為が、日本の経済に大打撃を与えるような事態を招いてしまったのはなぜか、この問題をめぐる思考停止の構図を考えてみることにしましょう。

「耐震偽装問題」の経緯

そもそもこの問題が起こった背景には、建築基準法というのが何のための法律で、それを社会で活用していくために、どういう方向で法律を運用していったらいいのかという基本的な視点の欠如がありました。

この法律は、「建築物の敷地、構造、設備及び用途に関する最低の基準」を定めるものであり、建築確認制度というのは、建築士が設計を行っていることを前提に、行政においても事前に最低限の設計図上のチェックを行うという趣旨で設けられた制度でした。

この制度ができた終戦直後、もともと予定されていたのは、木造の一戸建てのような単純な構造の建築物でした。しかしその後、経済の発展に伴って、建築技術も飛躍的に進歩し、建築物も高層・大規模化し、複雑で多様な構造のビルが建築されるようになったため、建築士の設計と建築主事の建築確認によって安全性を確保するというこの制度は、大規模建築については形骸化してしまいました。

それにもかかわらず、一般の人には、建築確認が、現在のような高層化・複雑化した建築物についても安全性を確保する役割を果たしているように誤解されてきました。建築基準法による建築確認という制度が果たしている役割について、一般人の認識と実態との間に大きなギャップが生じていたのです。

特に、建物の耐震性能という面では、建築確認はほとんど安全性の確保の機能を果たしていませんでした。多くの人は、地方自治体や民間建築確認機関による建築確認が行われた以上、耐震性能が建築基準法の基準を充たしているものと信じていましたが、複雑で高度な建物の耐震強度の確認というのは、設計図上の建築確認という手続で確かめられるような簡単なものではありません。耐震強度の構造計算は、あくまで一つの計算方法であり、実際の地震による倒壊の危険は敷地の地盤などの自然条件によっても異なります。また、設計上問題はなくても、その設計図通りに施工しない手抜き工事が行われる危険性をなくすことはできません。

しかし、建築確認が形骸化していたからと言って、日本の大規模建築物の安全性が低かったということではありません。阪神淡路大震災のような極端な場合を除けば、日本の建築物の安全性に重大な問題が生じることはなく、全般的には高い水準に保たれてきました。それは、設計者、施工会社の信用が大切にされ、技術者の倫理観がしっかりしていたからです。

つまり日本の建築物の安全性は、従来から、建築基準法という「法令」や建築確認という「制度」ではなく、会社の信用と技術者倫理によって支えられてきたのです。

ところが、一九八一年の建築基準法の改正で新たな耐震基準が導入された際、その基準は既設建築物には適用されず、それ以降のものだけに適用されたために、周囲に耐震性の低い建物がゴロゴロしているのに、新たに建てる建物だけは高い耐震性を要求されることになりました。

このことが、耐震性能に関して建築基準法の基準の性格を非常に曖昧《あいまい》なものにしてしまったことは否めません。「最低の基準」なのであれば、絶対に充たさなければならない基準という認識で設計・施工が行われ、設計者・技術者の倫理観も十分に働くはずですが、基準が充たされていない建築物が実際には周りに多数あるということであれば、絶対的な基準という認識は希薄になってしまいます。

その後、一九九〇年代に入ってから、民間の建築業界の価格競争が激化して、極端な安値受注が横行し、そのしわ寄せが施工の現場を直撃しました。結果、工事の質を落として採算を確保しようとする手抜き工事、粗漏工事が横行したと言われています。設計の段階で耐震基準を充足していても、施工段階で強度不足の建物が建築される危険性は全般的に高くなったのです。こうして、実質的に建物の安全性を確保するためのシステム全体に綻《ほころ》びが生じる中で、一人の無責任極まりない建築士によって多数の建物の構造計算書を改ざんするという、露骨な「違法行為」がいとも簡単に行われたのが耐震強度偽装事件です。

「法令遵守」で安全性は担保されない

この事件が、社会に大きな影響を及ぼす騒ぎに発展する原因となったのは、強度が偽装された建物の使用禁止と取り壊しを命じた国土交通省側が発した「震度5強の地震で倒壊の恐れがある」という言葉でした。震度5強というと、地震国日本ではかなり頻繁に起きる地震です。その程度の地震で、建築された建物が「倒壊」してしまう恐れがあるということで、国民の関心は「強度が偽装された建物」に集中しました。

「耐震強度偽装」という違法行為がマスコミにセンセーショナルに取り上げられ、多くの人は、強度を偽装された建物だけが、ちょっとした地震でガラガラと崩れおちてしまい、中にいる人が押しつぶされてしまうように誤解しました。

実際は、一九八一年以前に建築された建物には、問題になった耐震強度が偽装された建物より耐震性の低いものも多数あり、もし、耐震性が低い建物の存在が問題だというのであれば、日本中の多数の建物の使用を禁止しなければならなかったはずですが、社会の関心は、偽装行為を叩き、偽装の再発を防止することばかりに向けられてしまったのです。

問題の核心は、建築基準法という法令に基づく建築確認の手続に関して、耐震強度の「偽装」という行為が行われたことが明らかになったことでした。多くの人々が、建物の安全性を確保する役割を果たしていると思っている法令上の手続に関して偽装を行うというのは、水戸黄門の印籠に泥を塗るような行為というイメージでとらえられたのです。

国交省としても、そのような許し難い行為によって建築された建物は有無を言わさず取り壊しを命じることになります。それが、入居したばかりのマンションから多額のローンを抱えたまま退去しなければならない、という社会的に許容し難い事態を発生させ、それに対する怒りが、そのような事態を招いた耐震強度偽装行為に関わった者を厳罰に処し、その再発防止のためであればあらゆる手段を講じるべき、という論調につながっていったのです。

そこで本来必要だったのは、事件の背景となった、耐震強度不足の建物が建築される原因となる構造的要因を明らかにし、建物の耐震性、安全性を向上させ、人々が安心して生活できる建物が供給されるための総合的な対策を講じることでした。

建築基準法の基準が守られていること、建築確認の手続が正しく行われていることだけで、建物の安全性が確保されるのではないのです。複雑で高度な建築物の安全性が実質的にどのように確保されているのかを的確に理解し、そのシステムを機能させていくことを考えていかなければならなかったのです。

今になって冷静に考えてみると、この問題に対して日本の社会全体が思考停止状態であったことがわかります。

この問題で、建物の耐震性能に関する「偽装」が強い社会的非難を受けたことが契機となって、「偽装」問題は、様々な分野に広がっていきました。耐火建材や耐火サッシのメーカーが耐火性能を偽装して大臣認定を不正に取得していた問題が発覚、鉄鋼業界では、鋼材の安全性確認のために義務付けられている試験データの「捏造」の問題が次々と発覚しました。

これらの問題も、単純に、「偽装、捏造をするな、法令や基準を遵守しろ」と命令するだけでは解決しない問題です。そういう対応がかえって問題を深刻化させることになることを示す典型的な例として、ステンレス鋼管のデータ捏造問題を取り上げます。

ステンレス鋼管データ捏造問題の背景

二〇〇八年の五月から六月にかけて、鉄鋼業界で試験データの捏造問題が相次いで表面化しました。その根本的な原因は、規格基準が実態と乖離《かいり》したまま放置されていたことです。

そのうちの一つであるステンレス鋼管に関しては、昔から、JIS規格で、すべての鋼管に水圧試験を実施して、不具合や傷などの有無を確認することが義務付けられていました。しかし、近年の鋼管溶接技術の進歩のために、水圧試験のような原始的な方法で発見される不具合、傷はまったくなくなりました。試験を実施する意味はなくなったということで、業界では水圧試験はやらなくなり、試験設備は工場の片隅で埃《ほこり》をかぶっているという状態になりました。しかし、規格上は全量検査が必要とされていたので、JIS規格の検査証明書には、水圧試験データを記載しなければなりませんでした。それが水圧試験データの捏造が恒常化することにつながりました。

このような基準と実態の乖離というのは業界内で広く認識されていたのだろうと思います。それを解消するため、基準を実態に合わせようとする努力は行われていたのです。かつてはすべての鋼管に水圧試験が義務付けられていたのが、二〇〇四年にJIS規格が一部改正され、需要先の了承を得られれば抜き取り検査でもよいことになったのです。基準を実態に適合させるという面では一つの改善だったと言えます。

では、そのような措置がとられたことによって、データ捏造という不正が行われなくなったのかと言えば、そうではありませんでした。二〇〇四年以降も、水圧試験はほとんど行われず、それ以前と同じようにデータの捏造が続けられていたのです。客先の了承が得られ、抜き取り検査で済ますことができる場合でも、水圧試験は行われていなかったのです。

「せっかく制度が改善されたのに、それ以前と同じように不正を繰り返すとは論外だ。日本企業のモラルも地に堕《お》ちたものだ」と言われるのも無理はありません。しかし、私は決して、そんな単純な話ではないと思います。

建前を前提としたため、問題解決につながらなかった

二〇〇四年以前は、実態としては、水圧試験はまったく行っていませんでした。しかし、建前上はすべての鋼管に水圧試験を行ったことにして、捏造したデータで証明書の外形を整えていました。そういう状況で、抜き取り検査をやろうということになれば、実態上は、それまでまったく行っていなかった水圧試験を一部だけでも行うということなので、設備も人員も増やす必要があります。しかし、建前上は全量水圧試験をやってきたことにしていました。それを前提にすれば、全部の鋼管に水圧試験をやっていたのを一部だけ抜き取り検査をすればよいのですから、設備や人員を減らすことができることになります。実態を前提にするのと、建前を前提にするのと、やることの方向がまったく反対なのです。

それまでデータ捏造行為をやっていたことは表には出せないという暗黙の了解があったので、実態を前提にして、「設備や人員を増やして抜き取り検査をやろう」とは誰も言い出せませんでした。そのために、結局、水圧試験をまったく行わず試験データを捏造する行為が、二〇〇四年以降も、それ以前と同様に続けられていたのです。せっかくの基準と実態とを適合させる方向での措置も、問題解決につながらなかったのです。

継続的・恒常的に行われている不正行為は、認識の具体性の差はあれ、企業内で広い範

囲で認識されているはずです。そういう「カビ型」違法行為（組織の利益のために組織内のポストに随伴して行われ、長期間にわたって恒常化し、広範囲に蔓延《まんえん》している違法行為。これに対して、個人の利益のために個人の意思で行われる単発的な違法行為を「ムシ型」と私は言っています）に対しては、「法令遵守」を上から下に命令するだけでは効果はないのです。

少なくとも過去において水圧試験データが恒常的に捏造されていることについての認識は、経営者側にもあったはずです。試験データの偽装や捏造が相次いで表面化しているだけに、現場に対して「法令遵守」の徹底の指示はしていたはずです。しかし、それでは問題の解決になりませんでした。「水圧試験データを捏造しない」ということは、「検査データに対応する水圧試験を実際に行う」ということです。そのことをめぐって、現場がどういう状況にあるのかを確かめ、どうしたら実際に水圧試験が実施できるようになるのか、経営トップ自体が自ら考え実行しなければ、本当の意味で、法令を守ることにはならないのです。

重要だったのは、基準と実態の乖離を解消する方向でのＪＩＳ規格の一部改正が行われた段階です。そこで、規格が実態とどれくらい乖離しているか、その程度を明らかにし、試験データの捏造という不正行為が恒常化していたことをすべて明らかにした上で、全面的な問題解決を図るべきでした。

ところが、そこに立ちはだかるのが、「法令や規則に違反する行為はあってはならない」という「法令遵守」の呪縛です。一度、不正行為を行っていたことを認めてしまうと、その事情の如何を問わず、自主的に明らかにしたか否かを問わず、「法令遵守」に反したということで強く批判されるというのが、日本社会の実情だからです。建前上は、「違法行為、不正行為はやっていない」ということにせざるを得ず、それが、不正行為、違法行為を表に出す行動を決定的に困難にしているのです。

この問題は、日本の産業全体で、法令、規則、基準をどう活用していくのか、実態と乖離しているものがあった場合に、それをどう解消し、その乖離によって生じていた企業活動の歪《ゆが》みをどう是正するのかを、真剣に考えなければならないことを示しているように思います。

第3章　市場経済の混乱を招く経済司法の思考停止

日本の株式市場の下落と経済司法

二〇〇八年の夏以降、アメリカのサブプライムローン問題、リーマン・ブラザーズ破綻を発端とする国際的な金融危機で世界中の株価が大きく下落する中、日本の株価も大きく下がりました。不思議なのは、金融危機の震源地のアメリカより日本の証券市場の下落率が大きいということです。日経平均株価の動きを見ると、〇三年の七六〇七円を底に上昇に転じた日本の株価は、〇六年七月の一万八二六一円を天井に下落し続けていましたが、世界同時株安で一万円を大きく割り込み、〇八年一〇月二七日に七一六二円という最安値をつけました。その間の下落率は六一%。一方、アメリカのダウ工業株三〇種平均は、市場最高値の〇七年一〇月の一万四一六四ドルから、〇八年一一月二〇日の七五五二ドルまでの下落率は四七%です。

為替では、アメリカドル、ユーロなどが軒並み大きく値下がりをする中で、日本の円だけが独歩高で、日本は、他の先進国と比較すると金融危機の影響が少ないはずなのに、どうして株価だけは、日本がアメリカより下落率が大きいのでしょうか。

二〇〇七年七月の参議院選挙で与党自民党が大敗し、野党が参議院で多数を占めるという「国会のねじれ」が発生したことが株価の下落につながったという見方もありますが、実は、この前後に、日本の経済活動に大きな影響を与える判決が二つ出されています。七月一九日に出された村上ファンド事件の一審判決と、八月七日に出されたブルドックソース事件の最高裁判決です。

この二つの判決は、司法が経済社会において機能を果たしていないことを象徴しています。つまり、経済司法が思考停止に陥っているのです。それが、日本の経済活動に悪影響を与え、長期にわたる株価の下落の原因になっているという見方も可能です。

村上ファンド事件一審判決の影響

村上ファンドの代表だった村上世彰《よしあき》氏が二〇〇六年六月に、ライブドアによるニッポン放送株の大量取得に絡んで行った証券取引が、インサイダー取引に当たるとして逮捕・起訴されたのが村上ファンド事件で、その検察の主張を全面的に認めたのが〇七年七月の一審判決でした。この一審判決にどういう問題があるのか、それが日本の経済社会にどういう影響を与えたのかを考えるために、まず、この事件がどういう事件だったのかを振り返ってみます。

この事件の全体像は、もともとニッポン放送株を大量に保有していた村上ファンド側が、ライブドアに同株を大量取得するよう働きかけ、ライブドア側が、村上ファンド側も同株を継続して買い進めると信じて大量取得に乗り出した段階で、村上ファンド側が、所有していた同株を密かに高値で売り抜けたというものです。もともと持っていたニッポン放送株をライブドア側に押し付けて売り抜けたもので、株価上昇につながる情報を知った後に株を買い、情報が公表されて株価が上昇した段階で売り抜けて利益を上げるという、本来のインサイダー取引の事例ではありません。

ところが検察は、この事件を、村上ファンドが、ライブドアがニッポン放送株を大量取得すると「知った」時点以降にニッポン放送株を買ったインサイダー取引である、として構成しました。その場合の問題はどの段階で、ライブドアがニッポン放送株を大量取得するという「重要事実」が発生したと言えるのか、そして、それを村上ファンドが「知っていた」と言えるのかです。

しかし、ライブドアの資金力には限界があり、実際にニッポン放送株を大量取得するまでには、いろいろな紆余曲折《うよきょくせつ》がありました。最終的には、MSCB（下方修正条項付転換社債）という特殊な手法によって大量取得のための資金を調達する目途《めど》がついたのですが、それは、ライブドアが実際に大量取得して、その事実を公表する直前でした。村上ファンド側のニッポン放送株の売買について、インサイダー取引が成立するとすれば、その時点よりずっと前の時点、つまりライブドア側で資金調達の具体的な目途が立っておらず、ニッポン放送株を大量取得する実現可能性が低かった時点で「重要事実」が発生したと言えることが必要になります。

この点に関して、一審判決は、「実現可能性が全くない場合は除かれるが、あれば足り、その高低は問題とならないと解される」との見解を示しました。

しかしこの見解には大きな問題があります。このような見解を前提にすると、将来的に重要事実の発生に結び付くかも知れないような会社の動きを少しでも知った者がその会社の株を売買すれば、すべてインサイダー取引に該当することになります。

しかも、この「重要事実」には、法律で具体的に例示されたもののほかに、「投資家の投資判断に重要な影響を及ぼす事実」も含まれます。この「投資判断に影響を及ぼす事実」というのは、世の中に無限に存在しているわけですから、実現可能性がゼロでない限り、それを知った場合（会社の内部者だけではなく、内部者から重要事実の情報を受領した場合も含まれます）の株式売買が、すべてインサイダー取引に該当するということになれば、自社株買いの大半がインサイダー取引ということになりますし、企業買収、とりわけ敵対的買収をめぐる動きも大幅に制約されることになります。企業やプロの投資家の行う株式売買は極めて広い範囲が違法ということになりかねないのです。

しかも、企業の内部統制の強化が進められている中では、このようなインサイダー取引の成立範囲を拡大する影響はさらに増幅されます。

内部統制の重要な対象とされるのが「法令遵守」です。法執行機関による処分や罰則適用の可能性の程度とは無関係に、法令に違反することを先回りして防止する措置が求められるのです。

そうした中では、禁止規定の拡張解釈の影響は極めて大きなものとなります。村上ファンド事件一審判決のような見解が刑事判決として確定すれば、それを前提に、会社関係者は、インサイダー取引禁止規定に違反することを防止する内部統制の徹底を求められます。そうなれば、証券市場そのものが閉塞状態に陥ってしまいかねないのです。

ブルドックソース事件最高裁判決と企業買収

ブルドックソース事件は、投資ファンドのスティール・パートナーズ・ジャパンに敵対的TOB（株式公開買付け）を仕掛けられたソース会社のブルドックソースが、株主総会の特別決議で新株予約権の無償割当てを用いた買収防衛策の導入・発動を決定したことから始まりました。その買収防衛策は、持株比率を大幅に低下させられる買収者の損害を穴埋めするため、買収者には行使させない新株予約権を会社側が買い取るという内容でした。スティールがこの防衛策を違法として新株予約権の割当ての差止請求を行ったのに対して、最高裁が差止請求を却下した高裁を支持しスティールの特別抗告を却下する司法判断を示したのが、二〇〇七年八月七日の判決でした。

この判決で最高裁は、買収者排除のための新株予約権の無償割当てに、ほとんどの株主が賛成したこと、買収者の財産的損害は対価を支払うことで補償されることなどを理由に、買収防衛策の発動は合法との判断を示しました。

ブルドックソースがスティールに支払った新株予約権の対価は二三億円、直近の同社の利益の三倍以上にも上りました。

最高裁がこのような巨額の金銭的補償を伴う敵対的買収防衛策を追認したことは、日本の資本市場に大きな影響を与えたと言われています。本来、敵対的買収には、会社の物的・人的資産を十分に活用できない無能な経営者を排除し、適切な経営を行う新経営者が選任されることで企業価値が高められるというメリットがあるはずです。ところが、このように、株主の多くの賛成によって敵対的買収者に金銭的補償を行うことで買収を防止できるということになれば、会社にとっては実質的に大きな損失が生じるものの、経営陣の地位だけは守られます。

この判決の判断は、一方で、金銭目当ての敵対的買収を助長し、一方で、そのような敵対的買収から企業を防衛するための株式の持ち合いや買収防衛策の導入を増加させることになります（岩井克人・佐藤孝弘『M&A国富論――「良い会社買収」とはどういうことか』プレジデント社）。それは、日本の企業買収をめぐる環境を阻害することになりかねません。

ブルドックソース事件判決と村上ファンド事件判決に共通するもの

二つの判決に共通するのは、判断が、個別の問題解決、当事者間での問題解決という方向に偏っていることです。ブルドックソース事件判決は、株主の大部分が賛成し、スティール・パートナーズ側にも十分な補償が行われているのだから当事者間の解決方法として問題はない、との判断です。それが企業買収の世界全体にどのような影響を与えるか、という点への配慮は十分ではないように思えます。また、村上ファンド事件判決は、村上という一人の被告人を処罰することに主眼が置かれ、そのために使うインサイダー取引についての一般論が証券市場や経済社会に与える影響は、あまり考えていないようです。

旧来の司法の世界であれば、それで何の問題もありませんでした。司法の役割は、個別の当事者間の問題を適切に解決することが中心でした。しかし、市場経済が成熟するのに伴って、市場の環境整備という観点が、個別の当事者間の問題解決と同等、あるいはそれ以上に重要となっています。

証券市場と企業買収の市場は、企業が健全に運営され成長するための環境として、極めて重要な車の両輪のようなものです。証券市場では、上場会社について正確な情報を迅速に開示された不特定多数の投資家が市場取引のルールにしたがって株式売買を行うことで公正な株価が形成されます。そして、その株価が前提として行われる企業買収の市場では、会社の経営の質を高めるために、現経営陣と買収者との間で経営方針をめぐって徹底した議論が行われ、委任状争奪などを通して株主がいずれの経営方針が適切かを選択します。この二つの市場を適正に機能させることが、企業社会の健全な発展につながるのです。

企業買収をめぐる司法判断、そして、証券市場をめぐる法についての司法判断においては、このような市場の健全な機能を確保するという観点が不可欠です。個別の事例について結論が正しいというだけではなく、その司法判断が、市場をめぐる同種の問題に水平展開可能であることが求められているのです。

村上ファンド事件判決の中で印象的なのが、「ファンドなのだから、安ければ買うし、高ければ売るのは当たり前」との村上被告の言葉に対して、「このような徹底した利益至上主義には慄然《りつぜん》とせざるを得ない」と述べている点です。自己責任によって株式取引をする投資家にとって唯一の判断基準は、「会社の実態に照らして高いか安いか」です。「安ければ買い、高ければ売る」ということ自体は何一つ責められるべきことではないはずです。この判示は、日本の裁判官の感覚が、経済分野の問題について必要とされる最低限の常識から完全にズレていることを示しています。

本来、公正な市場を支えるために重要な機能を果たすべき経済司法が、それを果たしていない日本の現状を内外に宣言してしまったのが、この二つの判決でした。このような経済司法の貧困のために内外の投資家から見放されたことも、日本の株価のとめどのない下落が続いている要因と考えられます。日本企業に対する投資や健全な企業買収が行われる環境が整っていないことは、日本経済の不況からの回復力を大きく低下させることにつながりかねません。

一層深刻なのは経済検察の迷走

経済司法の貧困は裁判所だけの問題ではありません。刑事の分野に関しては、それ以上に問題なのが検察の経済犯罪の摘発をめぐる迷走です。経済検察が、市場経済の公正さを担保する本来の役割を果たしていないことが、経済司法の貧困の大きな要因です。

そもそも、村上ファンド事件判決で、経済社会に大きなマイナスの影響を与える見解が示されることになったのは、この事件を、検察が、無理にインサイダー取引で構成したからです。

村上ファンド事件の核心は、ライブドアによるニッポン放送株の大量買いが村上ファンドによって仕組まれたことが強く疑われるということです。ライブドアは、二〇〇五年二月八日の時間外取引でニッポン放送株約九七二万株を取得しました。そのうち三二八万株は、もともと村上ファンドの保有株だったとされていますが、村上ファンド側がライブドア側に伝えていた時間外取引での売り株数は一二五万株でした。それ以外は他の投資家の売り注文と思わせ、実際には村上ファンドが三〇〇万株以上を売却したわけです。

これはニッポン放送株の二〇%を保有するフジテレビが公開買付けを行っていた最中のことでした。そこへライブドアが時間外取引でニッポン放送株を大量に取得した事実が公表されたことで、ニッポン放送株は急騰しました。それまで六〇〇〇円だった株価は九〇〇〇円にまで上がりましたが、そのときに市場で大量の売り注文を出したのが村上ファンドでした。つまり、ライブドアを巧みに操りながら、時間外取引と通常の市場取引の両方で保有していたニッポン放送株を高値で売り抜けてしまったわけです。

こうした状況を自らつくり出し、一般投資家が飛びつくことを見越して売り抜ける策略を用いたとすれば、株式の需給関係に関する情報が投資家に適切に提供され、その情報に基づいて投資家が投資判断を行う、という証券市場の原則を著しく阻害する行為です。

このような村上ファンド側の問題はニッポン放送の株価の形成に関して策略を用い、ライブドアや一般投資家を欺《あざむ》いて巨額の利益を得たということです。大量に保有していたニッポン放送株を「売り抜ける」過程で行った巧妙な策略で証券市場を操ったことが問題なのであり、ライブドアがニッポン放送株を大量取得するという「内部情報」を得て、その公表前に「買った」というインサイダー取引の事件ではないのです。

インサイダー取引の成立範囲を拡大することでは、そのような「不正の策略」を抑止することはできません。「ライブドア側との交渉開始後は一切ニッポン放送株を買わない」という点さえ守っていれば、同じような策略でライブドア側をニッポン放送株の大量買付けに誘い込んで売り抜けても、インサイダー取引で処罰される余地はないのです。

このような証券市場の公正を害する「不正の策略」を処罰する規定は、金融商品取引法（金商法）にも存在します。「不正の手段、計画又は技巧」を禁止する一五七条一号の包括規定です。

証券取引におけるルール違反行為というのは、証券市場をめぐる状況や取引の動機・背景によって様々なものがあり、禁止の対象をあらかじめ具体的に定めておくことは困難です。そこで、アメリカでは、証券市場における不公正取引は「証券の買付けまたは売付けに関して、相場操縦的もしくは欺罔《きもう》的計略または策略を用いること」という包括的規定に基づいて処罰されてきました。インサイダー取引も、アメリカではこのような包括規定に基づいて処罰されてきたのです。

包括規定が適用された例はきわめて少ないものの、最高裁まで争われて有罪になった事例があります（一九六五年五月二五日）。この判決で最高裁は、「同条号による不正の手段とは、有価証券の取引に限定して、それに関して社会通念上不正と認められる一切の手段を言うのであって、文意上その意味は明確である。それ自体において犯罪の構成要件を明らかにしていると認められる」という判断を示しています。この最高裁の見解に従えば、村上被告の行為は「不正の手段、計画、技巧」に当たる可能性が高いと言えます。

この行為の犯罪性に関して重要なのは、村上ファンド側がニッポン放送の持ち株数などをライブドア側に正確に伝えていたのかどうかと、ライブドアが時間外取引で同株を大量取得した際の村上ファンド側の動きです。それらから、村上被告の行為が当初から計画された一連の策略だと立証できれば、「不正の手段、計画又は技巧」ととらえる余地は十分にあります。こういう行為こそ、金商法一五七条の包括規定を適用して処罰すべきなのです。

ところが、村上ファンド事件では、検察は包括規定を適用せずインサイダー取引の禁止規定を適用しました。そして、それを「丸呑み」するために一審判決が示した「重要事実の実現可能性」についての一般論が、経済社会に大きな弊害を与えているのです。

検察にとり薄氷を踏む思いだったライブドア事件

経済検察という面から見ると、村上ファンド事件以上に大きな社会的影響を生じさせたのがライブドア事件の捜査でした。

二〇〇六年一月一六日、青白い光を放ち周囲を圧倒する「ヒルズ族の牙城」六本木ヒルズ森タワーに、カメラの放列の中、検察の捜査班が隊列を作って突入する映像で始まった「衝撃のライブドア強制捜査」は、翌日の証券市場の取引がシステムダウンで売買停止になるほどの大きな経済的影響を及ぼしました。その直後に、捜査対象と目された会社幹部が、沖縄で謎の死を遂げたことなどもあって、この事件の捜査でどれだけ深い闇の世界が暴き出されるのか、社会の関心は最高潮に達しました。ライブドアの株価は連日ストップ安、強制捜査前七〇〇〇億円に達していた時価総額は、二月には五八〇億円を切るところまで下がりました。ところが、この事件で最終的に検察が起訴した事実の中心は、ライブドアが出資していた投資事業組合が行ったライブドア株の売買による利益を売上に計上すべきか、資本準備金に算入すべきか、という会計技術上の問題による有価証券報告書の虚偽記載、つまり粉飾決算の事実、しかも、粉飾額は五〇億円と、過去の同種事件と比較しても小規模なものでした。

この事件で起訴されたライブドア社長だった堀江貴文氏は事実を全面的に争いましたが、堀江氏や弁護人の挑発的な態度が、かえって裁判官の処罰意欲を高める結果になったのか、一審は検察の主張を全面的に認め、懲役二年六ヵ月の実刑というこの種の事件にしては異例の厳しい判決を言い渡し、二〇〇八年七月の控訴審でも堀江氏の主張はすべて退けられました。

検察にとって、このライブドア事件の摘発が満足のいくものではなかったことは間違いないと思います。それどころか、一上場企業への強制捜査が、あれ程大きな証券市場への影響を与えることは予想外だったと思います。裁判所も含めた「経済司法の貧困」という現状のために、裁判所が検察の捜査を追認してはくれたものの、捜査、公判を通じて「薄氷を踏む思い」だったと考えられます。こういう思いは二度としたくないというのが、本音でしょう。

検察官が「公表」の主体となった「推定規定」

しかも、この事件に関しては、ライブドア株の値下がりによる損害の賠償責任という問題が残されています。

金商法には、重要な事項について虚偽の記載がある有価証券報告書を提出した会社に、虚偽記載によって株式購入者が被った損害の賠償責任に関する推定規定があります。有価証券報告書の虚偽記載の事実が「公表」されたときは、公表日前一ヵ月の株価の平均値と公表後一ヵ月のそれとの差額が虚偽記載によって生じた損害の額と推定されます。この規定がない場合、虚偽記載を原因としてどれだけ株価が下落したかを原告が立証する必要がありますが、その立証が容易ではないため、立証責任の負担を軽減して投資家の保護を図ろうとしているのです。

ライブドア事件で、同社の株が大幅に下落して損害を被った株主らが、この推定規定を用いてライブドアに対して損害賠償を請求する訴訟を起こしていたのですが、二〇〇八年六月一三日、東京地裁で、この推定規定を適用して、ライブドアに対して同社株の株価下落によって機関投資家が被った損害の賠償として、総額約九五億円の支払いを命じる判決が出されました。

この判決は、推定規定の適用の前提となる〝虚偽記載の事実〟の「公表」に関して、検察官が、司法記者クラブに加盟する複数の報道機関の記者に対して、報道されることを前提として、有価証券報告書の虚偽記載の容疑事実の一部を伝達したことが「公表」に当たるとの判断を示しました。

このように検察官を「公表」の主体ととらえ、検察官による捜査情報のリークの事実を認定した判決が出されたことは、検察にとって衝撃だったと思われます。

犯罪捜査及び刑事訴訟法の原則からすれば、捜査情報を意図的に漏洩《ろうえい》することは許されません。法務省も検察も、「訴訟に関する書類は、公判の開廷前には、これを公にしてはならない」とする刑事訴訟法四七条を根拠として国会等からの捜査情報の開示要求を一貫して拒む一方、「検察リーク」の事実を全面的に否定してきました。

しかも、強制捜査などの外部的なアクションが行われた後の内容説明であれば、本判決が述べるように、検察官の報道機関に対する捜査情報の提供が一定の範囲内で許容される余地もありますが、判決が認定した「公表」の時点というのは、ライブドアに対して、「風説の流布」などの容疑で強制捜査が開始された数日後で、「有価証券報告書の虚偽記載」の容疑は強制捜査の対象にはなっていませんでした。その容疑による捜査が予定されていたとしても、捜査着手前の被疑事実について情報提供することは、許容されているどころか、職務犯罪に近いものと言わざるを得ません。

判決は、検察リークの事実を正面から認定し、その時点で「公表」があったと認めて九五億円もの巨額の損害賠償をライブドアに命令する根拠にしたうえ、検察官による情報のリークを「検察官には公表の権限がある」として正当化しています。しかし、未着手の容疑事実について検察官に公表する権限があるなどというのは、従来の検察や法務省の公式見解からも到底通らない理屈です。ですから、この点について裁判所が「公表」を正当化してくれても、検察や法務省にとって何の気休めにもなりません。

むしろ、重大な問題は、検察官が非公式に不確定な情報提供を行ったという事実認定がなされたことです。判決の認定したとおりだとすると、マスコミに情報を提供した検察官の責任は重大です。しかも、この点について、判決は、東京地検では毎日次席検事の定例会見が行われるのに加えて、特捜部長が自宅周辺で司法クラブ所属記者の取材に応じていることを東京新聞の担当記者たちによって書かれた本（『検証「国策逮捕」 経済検察はなぜ、いかに堀江・村上を葬ったのか』光文社）などを根拠に認定しています。この一審の認定が、もし、高裁でもそのまま維持されるようなことがあると、検察にとって大変やっかいな問題に発展しかねません。検察官の情報リークについて、ライブドア側から国家賠償訴訟を起こされることも考えられます。

そもそも、ライブドア事件による株価の下落による損害を、金商法の推定規定を用いてすべて株式の発行会社であるライブドア自体に賠償させようとする判決の見解には無理があるのです。

株価の動きというのはもともと非常に複雑ですが、とりわけライブドア事件というのは、あらゆる面で異常な経過をたどった極めて特異な事例です。その事件による株価下落の損害は、有価証券報告書の虚偽記載の事実の公表前後における株価の比較で損害を推定するというような、単純な方法だけで解決できるような問題ではありません。

経済司法の貧困を象徴した事件

ライブドアは、もともと、株式市場から資金を調達し、それを原資に企業買収を行って時価総額を増加させ、その時価総額を利用してさらに企業買収を行うという錬金術で急拡大した会社でした。その過程では時価総額拡大の手段として一〇〇対一という極端なまでの分割比率による株式分割などあらゆる手段で株価を高騰させてきました。

そういう会社が、二〇〇五年の総選挙で社長の堀江氏が立候補し、政権与党のマスコット的存在に担ぎ上げられたり、日本経団連の会員企業になったりしたことで、多くの投資家がライブドアには国家の後ろ盾があるかのように錯覚しました。つまり、ライブドアという会社に対する当時の評価自体が、社会全体が作り上げた一種の「粉飾」だったと言えます。

それが一転、検察の強制捜査着手後、裁判所が認定した検察の情報リークや、様々な予断や憶測を含むマスコミ報道などの要因が重なって、ライブドアの企業イメージは一気に崩れ、株価は急激に下落し、七〇〇〇億円という時価総額の大半が失われるという事態になったのです。

しかし、世の中の論調は「ライブドアの違法行為によって株主が損害を被った」という方向に単純化されており、裁判所の判断も、どうしても、その世論に沿う方向になりがちです。それが検察官の不当な情報リークまで「公表」と拡大解釈し、一方で、検察官には公表の権限があるなどという珍妙な理屈を持ち出す民事判決が出されることにつながったのです。それも、民事の分野における「経済司法の貧困」を表すものと言ってよいでしょう。

村上ファンド事件でも、一審は検察の主張を「丸呑み」してくれたものの、判決の一般論に重大な問題があることは、これまで述べてきたとおりです。その判断がそのまま維持されるのかどうか、控訴審の判断は予断を許さない面があります。仮に、検察の起訴事実の全部あるいは大部分が無罪になった場合（一事不再理の原則から、もはや包括規定で起訴することはできません）、検察はこの事件の捜査による国家賠償責任という問題に直面することになります。

二〇〇六年の前半、「史上最強の捜査機関・東京地検特捜部」が、堀江貴文と村上世彰という二人の「時代の寵児」に対して行った「劇場型捜査」は、日本中を興奮の坩堝《るつぼ》に巻き込みました。しかし、それらの決着はまだついておらず、今後の展開は予断を許しません。検察が主体となって企業や証券市場に関連する経済犯罪の摘発を行うことの怖さを思い知らされたためか、その後三年以上、特捜検察による経済犯罪の摘発で目立ったものはありません。

一方で検察が経済犯罪の捜査に対して消極的姿勢をとっていることで、証券市場の公正を害し、一般投資家の利益を著しく損なう、悪質な証券犯罪が野放しになりかねない状況が生じています。そのため、村上ファンド事件と同じような、詐欺的な策略を用いて、一般投資家を欺いて巨額の利益を得ようとする悪質な証券犯罪が疑われる事件も起きています。

アーバン破綻と「不正の策略」

アーバンコーポレイション（アーバン）は二〇〇八年六月二六日、BNPパリバ証券（パリバ）を第三者割当先とする総額三〇〇億円の転換社債型新株予約権付社債を発行すると発表しました。転換価額は六月二六日の東証終値である三四四円、調達した資金の使途は、「財務基盤の安定性確保に向けた短期借入金をはじめとする債務の返済に使用する予定」であることが、同社の「お知らせ」（ニュースリリース）に記載されていました。

同社は、この数年で急成長した新興不動産ディベロッパーで、毎年最高益を更新していましたが、不動産市況に陰りが見え、金融機関が不動産融資に対して厳しい態度をとるようになった二〇〇七年秋以降、資金繰り不安がささやかれ、株価が大幅に下落していました。この三〇〇億円の転換社債発行によって同社にキャッシュが入ってくることで資金繰りが大幅に改善されるとの期待から株価は反発しましたが、その後、また下落を続け、〇八年八月一三日、同社は東京地裁に民事再生法の適用を申し立て、事実上倒産しました。

そして、その倒産の日に同社は、六月に実施した三〇〇億円の転換社債発行に付随して、割当先であるパリバとの間で「スワップ契約」を締結していたことを明らかにしたのです。そのスワップ契約の内容によれば、アーバンがパリバから転換社債で調達したはずの三〇〇億円は、そのままパリバに預託され、その後の株価が、一定の金額を上回った場合に、その株価と出来高に応じた金額がパリバからアーバンに支払われることになっていました。そのため転換社債発行後、民事再生法の適用申請までの間に、実際にパリバがアーバンに支払った金額はわずか九二億円でした。

要するに、転換社債が発行されてもパリバからアーバンに三〇〇億円がそのままキャッシュで提供されるのではなく、その後、パリバがアーバン株を売った分だけアーバンに支払われるというスキームなのです。アーバンが得る資金に見合うだけ、市場でアーバン株の売りが出ることになるので、株価が下落していくのは当然です。

このような契約があったか否かで転換社債による資金調達がアーバンの経営に与える影響はまったく異なります。このような契約の実体を隠したまま、転換社債発行による多額の資金調達が公表され、それによってアーバンの資金繰りが大幅に改善されたと信じて、多くの一般投資家は同社の株式を買ったのです。それが、アーバンやパリバの側で当初から計画されたものだったとすれば、まさに、投資家を欺き、証券市場での取引によって不正な利益を得ようとする行為です。このスキームで、パリバはノーリスクで確実に利益を得ることができました。それに加えて、パリバ側かその関係者がアーバン株を空売りしている事実があったとすれば、さらに大きな利益を得ることができたはずです。まさに、「不正の手段、計画又は技巧をすること」を禁止する金商法一五七条の規定を適用して刑事処罰を行うことを検討すべき事件です。

しかし、この事件に対して実際には、金融庁が臨時報告書の虚偽記載を理由にアーバンに対する課徴金納付命令を出したのと、パリバに対して業務改善命令の行政処分を出しただけでした。刑事事件による実態解明と厳正な処罰とは程遠いものでした。

どうしたら経済司法を強化できるのか

経済司法の貧困が日本の経済社会にもたらす影響は深刻です。刑事司法の分野では、村上ファンド事件の一審判決が示したような、経済社会の実情を無視した経済法規の解釈論が与える影響に加えて、検察の経済犯罪に対する消極的姿勢のために、悪質な証券犯罪を抑止できないことが、公正な証券市場を阻害しています。民事司法の分野では、企業買収に関する「その場しのぎ的」な判決が、企業買収の環境を損なっています。

では、どうしたら、経済司法の貧困から脱却し、経済社会の基盤の維持が可能となるような経済司法の強化を図ることができるのでしょうか。

その答えは一つです。司法を経済社会に対して開かれたものにすることです。裁判所、検察という日本の司法機関は、いまだに、年功序列、終身雇用という閉鎖的な官僚的人事システムが維持されている組織です。司法試験に合格し、司法研修所を一定レベル以上の好成績で修了した法曹資格者が判事、検事に任官し、そういう人たちだけによって運営されていくのが、裁判所、検察の世界です。末端レベルでの一部の例外を除いて人材の流動性はなく、外部の目はほとんど取り入れられることなく、内部者だけで完結している組織です。そして、裁判所、検察が行う判断は、原則として外部のチェックを受けません。

検察の組織は、刑事事件の起訴不起訴などの判断を、各検察官が、あらゆる事件について常に適正に行うという信頼で成り立っています。そして、その判断の適正さは、理由を外部に説明することではなく、基本的には、個々の検察官だけではなく検察庁の組織としての判断が行われることで担保されています。年功序列のピラミッド型組織によって、個々の事件について行われる「決裁」という上司の承認手続を通して、そして、定期的に行われる上級庁の「監査」によって、判断の適正さが担保されるシステムになっています。

このように内部で完結したやり方で適切さが担保されている検察の処分については、その判断理由の説明が公式に求められることは原則としてありません。検察官が不起訴の処分を行った場合には、その結論が、証拠が不十分だという「嫌疑不十分」なのか、犯罪事実は認められるが情状を考慮して起訴しないという「起訴猶予」なのかという「裁定主文」が示されるだけで、不起訴の理由について公式の説明は行われません。不起訴記録も開示されません。また、裁判所の判決内容も、判例集等で紹介される一部のもの以外は公開されません。判決書は、基本的には当事者しか入手することができません。

刑事事件については確定記録閲覧という制度がありますが、罪名、被告人氏名、判決確定年月日などを正確に特定して閲覧申請をしなければならず、一般人に簡単にできることではありません。結局のところ、判決に対する批判は、マスコミなどが報道している範囲内の判決内容に基づいて行うしかないのです。そういう意味では、いくら批判されても「詳しい内容を知らない無責任な批判」と言って無視しておけば済むのです。こうして、裁判所、検察内部での人事評価も、組織内の論理を前提にするものになってしまいます。

このようにして、検察も裁判所も、人事が内部で完結し、判断の適正さについて外部の批判からも基本的に遮断されているところに特徴があります。

このような組織は、価値観や善悪の評価が基本的に不変で、同じような考え方で証拠評価、事実認定を行っていけばよいという分野の事件、つまり、どんな時代、どんな社会でも、反道徳的、反倫理的とされる殺人、強盗のような伝統的な犯罪に対しては適切に対応できても、急激に変化する経済社会の中で起きる経済犯罪や企業買収などに対して、適切な判断を維持していくことは極めて困難です。

検察がインサイダー取引の禁止規定の適用にこだわり、金商法一五七条の包括規定の適用をしようとしないのは、包括規定を適用するためには、「証券市場の公正さ」とは何かについて、証券市場の機能や仕組みも含めた基本的理解と、市場の実態についての認識が必要となるからです。インサイダー取引の禁止規定などのように、禁止されている行為が「構成要件」として具体的に明確に示してある場合は、被告人の行為が形式上その構成要件に該当することを立証すればよいのですが、「不正の手段、計画又は技巧」というような抽象的な文言の禁止規定を適用するためには、その行為が、「証券市場の公正」をどのように害するのかが実質的に説明できなければならないのです。

そのためには、「そもそも、金融商品取引の場としての証券市場が経済社会においてどのような役割を果たすものであり、それが健全に機能するためには、どのような条件が充たされる必要があるのか」ということを基本的に理解し、具体的な事件で、そのような「証券市場の公正」がどのように害されたかを明らかにする必要があります。

今の検察や裁判所に、そのような証券取引、金融取引の経済的機能を基本的に理解し、証券取引の公正という観点から事件の構成を行える人材が不足していることに、包括規定が適用できない根本的な原因があります。

最高裁がブルドックソース判決で、買収防衛策を、株主の多くが賛成していて敵対的買収者にもそれなりの補償が支払われるのだから是認してよいと考えたのは、それが伝統的な民事司法の分野での問題解決の方法だったからです。

結局のところ、経済司法の機能強化を、現在のような裁判所、検察の組織に期待することは極めて困難だと言わざるを得ません。

この状況を打開するためには、経済分野の事件の判断に関して、検察、裁判所の組織を市民に開かれたものにしていくしかありません。司法制度改革の対象として、まず取り組まなければならないのは、経済司法の分野なのです。

そのための方法として、経済分野の専門家や実務家を個別の事件の司法判断に参画させることや裁判所、検察の組織内部に取り込んでいく人事制度の改善などの方法が考えられます。

そういう観点からは、次章で詳しく述べるように、殺人、強盗致死などの伝統的な重大犯罪だけに市民を参加させようとする裁判員制度は、司法制度の改革としてまったく方向を誤ったものと言わざるを得ないのです。

経済司法の思考停止の影響は重大です。今後、深刻な経済危機によって日本経済が受けるダメージが大きければ大きいほど、そこから立ち直るためのパワーが必要になります。そこでは、経済社会の基盤を支える司法の機能が不可欠なのです。

第４章　司法への市民参加をめぐる思考停止

走り出したら止まらない

それが何のためのものなのか、何を目指しているのか、ということもよくわからないまま、日本の刑事裁判の根幹を揺るがしかねない制度が導入されてしまいました。選挙人名簿から無作為に抽出された裁判員が刑事裁判に参加し、死刑を含む量刑の判断まで行うという「裁判員制度」です。

ここにも、「民主化」は、やった方がやらないよりよいという単純な発想、つまり「民主化」の「印籠」があります。本来、保守的で閉鎖的な司法関係者が、司法の世界に市民を招き入れようと、これだけ熱心にやっているのだから、それは、やらないよりやったほうがよいのだ、という単純な見方が、これまで制度導入の原動力となってきました。しかし、司法の世界の問題というのは、決してそのような単純なものではありません。今のままの裁判員制度をこのまま施行すると、この国にとって大きな悔恨を残すことになりかねません。

法令の背後には必ず何らかの社会的要請があり、その要請を実現するために法令が定められているはずです。しかし、裁判員制度の導入を定めた「裁判員の参加する刑事裁判に関する法律」は、それが、いかなる社会的要請のためのものであるのかよくわかりません。

しかも、この制度の運用に当たることになる裁判所、検察の実務家の中で、本当にこの制度がうまくいくと思っている人間はほとんどいないのではないでしょうか。内心は、「誰か止めてくれ」と思っているはずです。しかし、二〇〇九年五月に予定されている施行に向けて、テレビ広告も始まり、裁判員候補者への通知が開始されるなど、裁判員制度開始の準備は着々と進められています。

組織の内部から「やめよう」という声があがらないのは、ここでも「法令遵守」が立ちはだかるからです。裁判員制度が導入され、二〇〇九年五月に施行されることを定めた法律がすでに成立してしまっているからです。裁判員制度の導入によってどういう事態が生じるかもっともよく知っているはずの裁判所、法務・検察の組織に属する人たちは、職務の性格上まさに「法令遵守」の中心に位置する立場です。法律がすでに成立してしまっている以上、組織をあげて実施に向けての取り組みをしていかなければなりません。「この制度はダメだ」「実施すべきではない」などとは口が裂けても言えないのです。まさに「法令遵守」の考え方そのものが、裁判員制度の問題点の顕在化を阻《はば》んでいるのです。

結局のところ、多くの人が「とりあえず裁判員裁判を始めてみて、ダメならやめればよい」という諦めに近い考え方で、流れに身を任せています。

それは、かつての太平洋戦争開戦時の日本の状況に似ているように私には見えます。当時、客観状況がわかっている人で、日本が超大国アメリカと戦争をして勝てると考えている人間はほとんどいなかったでしょう。しかし、開戦前の日本では、それを口にするのははばかられました。そして、日本はアメリカとの戦争に突入。その後、戦局が悪化しても、大本営はそのことを国民にまったく知らせようとはせず、泥沼の敗戦に突き進んでいきました。

裁判員制度も、一度導入されたら、おそらく同じことが起きるでしょう。これほど、国じゅうで大騒ぎをして導入した制度を根本から見直すことは容易にはできません。それがあり得るとすれば、冤罪《えんざい》や、真犯人が罪を免れる「誤判」が相次いで表面化した場合ですが、裁判の誤りが動かぬ証拠によって客観的に明らかになることは稀です。また、現場の実務が混乱していても、一旦導入してしまった以上、内部から「制度自体に問題がある」とはなかなか言えるものではありません。

そして重要なことは、裁判員には、裁判員裁判の経過などについて一生守秘義務が課されるということです。裁判員裁判がどのように行われ、どのようにして結論が出されたかを裁判員自身が明らかにすることは禁止され、違反に対しては罰則が設けられています。結局、裁判員裁判の内実が裁判員経験者の口から明らかにされることはなく、司法関係者も内実を暴露できないまま、歪んだ裁判員制度の歴史が積み重ねられ、それが、日本の刑事司法の根幹を蝕《むしば》んでいくことになりかねません。

何のための制度なのか

裁判員制度に関して問題なのは、まず、何のための制度かという議論がきちんとなされていない点です。

日本の司法をめぐる現状は、日本人の国民性と文化、そして明治以来の歴史に根ざすものです。他の先進国のほとんどで行われている「国民の司法参加」がまったく導入されていない日本が特異であるという意見もありますが、各国での国民の司法参加は、歴史的な背景に基づいて、国民の意識や社会の実情に適合するように行われ、定着してきたものです。国民の司法参加をどのように実現し、それを、国民にとって身近な司法の実現にどう結び付けていくかを慎重に議論していく必要があります。

ところが、今回の裁判員制度は、これらの点についての十分な検討も国民的議論もないまま、司法制度改革審議会等での有識者と一部司法関係者の議論に基づいて提案され、法案化され、国会でもさしたる議論が行われないまま全会一致で可決されました。

そもそもの目的が十分に議論されないまま導入が決定されたことが、裁判員制度の基本的な枠組みに大きな問題を生じさせています。

本書でも再三述べているように、これまで、日本における司法は、社会内で起きるさまざまな問題の解決について中心的な役割を果たしてきたものではなく、市民にとって身近なものでもありませんでした。その司法を市民にとって身近なものとするため、司法の場に市民を参加させていくことは一つの有効な手段です。しかし、施行されようとしている裁判員制度が、国民の司法参加を通して市民にとって身近な司法を実現することにつながるものになるかと言えば、決してそうとは思えません。

社会内で起きるトラブルの中には、市民にとって身近なもの、市民感覚で解決されるべきものから、市民とはかけ離れたところにある特殊な世界のものまでさまざまなものがあります。これまで司法との関わりの薄かった市民にできるだけ抵抗感なく司法に参加してもらうためには、市民にとって身近なものをまず対象にしていくべきでしょう。

ところが、今回の裁判員制度は、一般市民とはもっともかけ離れたところにある「死刑、無期懲役を法定刑に含む重罪事件」を対象としています。このような重罪事件の事実認定や量刑に関して重要な争点となるのが、責任能力の有無や犯意の有無・程度ですが、こういう問題については、刑事司法の伝統の中で形成されてきた「理論」を無視することはできません。そこでは「市民感覚」による判断が必ずしも妥当とは言えないのです。

それ以上に問題なのが、審理に参加させられる市民が、被告人が死刑か無期懲役かを判断する心理的重圧にさらされることです。それは、職業裁判官にとってすら、とてつもなく重いものです。誰でも、逃げられるものなら逃げたいと思っています。裁判に参加した市民がそのようなとてつもなく重い重圧にさらされるのが、裁判員制度なのです。

司法への市民参加という面で言えば、前章で述べた経済司法の貧困から脱却するため、経済分野に関する刑事・民事の事件に経済取引についての専門知識や実務経験を持つ市民を参加させる方がはるかに合理的です。また、選挙違反事件や贈収賄、政治資金規正法違反など、民主主義の運用に関連する事件も市民参加の対象としていけば、国民にも違和感なく受け入れられるはずです。

国際的に見ても特異な制度

裁判員制度は、諸外国の制度と比較しても特異なものです。

職業裁判官と非裁判官の双方が参加し、量刑も含めて判断するという面では、ヨーロッパ各国の参審制に近いのですが、これらの多くは団体等の推薦によって参審員が選ばれ、しかも任期制であるのに対して、裁判員制度は、裁判員が事件ごとに選挙人名簿から無作為で選ばれます。その点では、むしろアメリカの陪審員《ばいしんいん》制度と類似しています。

また、参審制を採用するヨーロッパ各国は死刑を廃止しており、量刑についての判断には死刑は含まれません。無作為に抽出された一般市民が死刑も含む量刑判断をも行うという点で、日本の裁判員制度は、ヨーロッパ各国の参審制度とも大きな違いがあります。

一方で、裁判員制度は、職業裁判官にも評決権が与えられている点、被告人に選択権が与えられていない点、事実認定のみならず量刑も対象にしている点などが、陪審制とは決定的に異なります。

アメリカの陪審制では、被告人に、陪審裁判を選ぶかどうかの選択権が与えられています。これは、「国家からの自由」を重視するという観点から、「職業裁判官による裁判」ではなく「市民による裁判」を選択する権利を認めるという考え方が背景になっています。被告人の権利保障とは無関係に、国民が参加する刑事裁判を実現すること自体を目的とする日本の裁判員制度とは基本思想が異なります。

アメリカでも、死刑の量刑判断に陪審員が関わることはあります。しかし、被告人に陪審裁判を受ける権利を保障していることから、死刑の量刑の要件に該当する「事実」の有無は陪審が判断すべきということ、あるいは陪審員の一人でも死刑に反対している場合は、被告人を救済すべきということであって、日本のように、死刑か無期かという量刑について大幅な裁量的判断を多数決で行うということではありません。

裁判員制度の導入が検討されたとき、アメリカ型の陪審員制度の導入を求める日本弁護士連合会（日弁連）などと、ヨーロッパ型の参審員制度にとどめたい裁判所や法務省との間で大きな意見の食い違いがありました。二つの制度の背景にある考え方の違いを十分認識しないまま、両者を混ぜ合わせて妥協した結果、事件ごとに選挙人名簿から無作為で選ぶ裁判員と職業裁判官からなる合議体（原則的に裁判員六人、裁判官三人で構成）が、事実認定だけではなく死刑を含む量刑の判断まで行うという、世にも稀な国民の司法参加制度ができあがったのです。

法曹界あげての広報活動

日本における「国民の司法参加」のための制度は、このように妥協の産物としてつくられました。「裁判員の参加する刑事裁判に関する法律」が制定され、五年後の実施が決まったのは二〇〇四年のことですが、導入の目的さえ十分に議論されていないのですから、世の中の関心は非常に低いものでした。そもそも国民の側から求めたものではなく、上から押し付けるようにして制度がつくられたのですから、当然といえば当然でしょう。

二〇〇四年以降、最高裁を中心とする裁判所と法務省・検察庁は、法律で導入が決まった裁判員制度を、法律で決められた通り五年の準備期間を経て実施することを目指してひたすら突き進んできました。裁判員制度を周知するために、新聞広告、広報映画、ビデオの作成等に毎年一六億円が費やされました。検察庁では、最高検を頂点とする組織ぐるみで広報活動が行われ、検事正が法被《はっぴ》を着たり、検察庁職員が幟《のぼり》を持って街頭キャンペーンをやったり、などというお祭り騒ぎが全国で展開され、挙句の果てには、「サイバンインコ」などという珍妙なキャラクターまで登場して、法務大臣がその「着ぐるみ」を着てみせたりもしました。

こうした関係者の滑稽《こっけい》とも思える努力の成果か、制度の認知度は高まりましたが、裁判員裁判に積極的に参加したいと思っている国民は極めて少数です。

裁判がどのようなものなのかさえよく知らない人たちが、いきなり死刑や無期を法定刑に含む重罪事件の量刑判断までやらされるのが裁判員制度です。常識的な感覚の持ち主なら、裁判員裁判への参加に尻込みしたくなるのは当然でしょう。

審理期間の短縮は何をもたらすのか

そうした裁判員裁判への国民の消極的姿勢を少しでも和らげるため、個々の裁判員の負担を軽減する方向で制度が具体化されていきました。その結果、死刑、無期を含む重罪事件の裁判で行われるべき適正な審理が行える制度とは凡《およ》そ異なったものとなっていきました。

負担軽減のために、すでに一部の刑事裁判で「公判前整理手続」が導入されています。これは公判審理前に裁判官、検察官、弁護人が事件の争点について非公開で協議し、審理事項を限定するというものです。裁判員裁判では、こうして限定された事項の審理に必要な日数があらかじめ裁判員の「就業予定期間」として設定されます。

審理日数があらかじめ限定されているのであれば、確かに裁判員の負担は軽減できます。目安とされているのは三日で、ほとんどの事件の審理が一週間以内に終わることが前提とされています。裁判員の役目をまっとうするのに会社を休まなければならないとしても、この程度ならそれほど負担は大きくありません。

しかし、刑事事件の真相というのは決して単純なものではありません。審理の途中で予想していなかった重要な争点が明らかになることも珍しくありません。死刑や無期を法定刑に含む重罪事件はなおさらです。

こういった場合、新たに出てきた重要な争点に関する審理を行わなければならないのは当然です。しかし、あらかじめ設定した「就業予定期間」を超えて審理を行うことに対しては、仕事を休んで裁判に参加している裁判員は相当な抵抗を示すでしょう。審理継続のためには裁判員にそのまま会社を休み続けてもらわなければなりませんが、それが難しければ一部の裁判員の組み替えを行うしかありません。しかし、その場合、新たに参加した裁判員は、すべての審理に裁判員として参加していたわけではありません。そのような中途半端な状態で有罪か無罪を決めたり量刑の判断を行ったりすること自体が、大きな問題になるでしょう。結局、審理の過程で出てきた重要な争点について、裁判員の就業期間の制約から十分な審理が行われないまま、裁判が終結することになりかねません。

また、裁判員は事件への関心の程度もバックグラウンドも一人ひとり異なります。それらの人たちが共通の理解をして、それぞれが納得したうえで評決を行うまでには相当な時間が必要になります。この期間も含めて、審理が始まってから判決までの「就業予定期間」をあらかじめ的確に予測することは至難の業です。

死刑、無期懲役を法定刑に含む重罪事件について事実認定と量刑の判断を適切に行うことには、相当な負担が伴うのは当然です。そのような判断を裁判員に行わせるのであれば、裁判員にもそれ相当の覚悟を求める必要があります。その負担を無理に軽減しようとすればラフジャッジ（粗雑司法）の恐れを生じます。そういう深刻なジレンマに直面せざるを得ないのが今回の裁判員制度なのです。

こうしたジレンマから逃れる唯一の手だては、控訴審による一審の裁判員裁判の是正に期待することです。裁判員裁判で審理や判断が十分に尽くされていない場合に、控訴審が一審判決の破棄自判（上級審が原判決を破棄したうえで自ら判決を示す）や差し戻しを躊躇《ちゅうちょ》なく積極的に行えば、裁判員裁判によって不当な判決が出されることを防止することも可能です。しかし、それでは、仕事や生活を犠牲にしてまで裁判員裁判に参加した市民は納得できないでしょうし、刑事裁判に市民が参加するそもそもの意味を失わせることになりかねません。

事件報道と裁判員の心証形成

もう一つの問題は、事件報道が裁判員の心証形成に与える影響です。社会の耳目を集める凶悪重大犯罪が発生すると、新聞、テレビ、週刊誌等による取材・報道が過熱し、取材のプロセスや真実性、正確性に問題がある報道が大量に垂れ流されることになります。

職業裁判官であっても、このような報道からまったく隔絶されることは困難ですし、報道から受ける印象が心証形成に与える影響がゼロとまでは言えないでしょう。しかし、職業裁判官には、刑事公判で適法に取り調べられた証拠による事実認定を行うことについて「プロとしての自覚」があり、予断と偏見を排除して証拠による認定を行おうとする強い職業意識が働いているのが通常です。それと比較すると、一般市民の場合、事件報道などによって形成されてしまった印象と、証拠による認定とを頭の中で区別することは容易ではありません。

事件報道が冷静かつ慎重に行われているのであれば、それが裁判員の心証形成に与える影響もそれほど懸念することはないでしょう。しかし、第6章でも詳しく述べるように、日本のマスコミ報道はそれとは程遠いものです。

一度、メディア・スクラム（マスコミによる集団過熱取材）状態になると、個々の記者や個々のマスコミの力ではどうにもならないほど報道が過熱することは、松本サリン事件などの過去の多くの事件の例からも明らかです。重大な事件であればあるほど、不正確な報道、歪曲《わいきょく》されたセンセーショナルなものがあまりに多いというのが実情なのです。

その点も、死刑、無期を含む重大刑事事件を、裁判員裁判の対象にすることの重大な問題点の一つです。

「秋田連続児童殺害事件」のケースで考えてみる

このような裁判員制度が実際に施行されたら、一体どういうことになるのでしょうか。「秋田連続児童殺害事件」の事例を通して考えてみることにしましょう。

畠山鈴香（以下、「鈴香」という）被告は、二〇〇六年四月九日に自らの娘である彩香ちゃん（当時九歳）を、橋の欄干《らんかん》から落として殺害し、約五週間後の同年五月一七日、被告の自宅近所に住んでいた米山豪憲君（当時七歳）を、首を絞めて殺害したという二件の殺人罪で起訴されました。

鈴香被告は、彩香ちゃんの死体が発見された後、その死亡原因を事故と考えた警察に対し再捜査を求めて強く抗議したり、死亡の経緯について情報を求めるビラを配ったりし、豪憲君の行方不明・死体発見後は警察の捜査怠慢を批判したりしていました。その鈴香被告自身に、豪憲君殺害の疑いがかけられるという特異な経過に世間の関心が集中し、寄住先の鈴香被告の実家にマスコミが殺到、テレビのワイドショーなどでも連日、長時間にわたって、この問題が取り上げられました。ヒステリックに、時には暴力的にマスコミの取材に応対する鈴香被告の姿が繰り返し放映され、その映像は、その後、同人が豪憲君の死体遺棄の容疑で逮捕された後の事件報道でも、容疑者映像として繰り返し使用されました。

このような一連の報道が、断片的に視聴した一般人に相当な予断・先入観を与えた可能性は否定できません。この事件の公判が裁判員裁判によって行われていた場合、公正な裁判を行ううえで重大な支障になっていたものと考えられます。

最大の問題は、この事件の公判でどのような審理が行われ、それにどれだけの時間を要したかです。

この事件では、一年一ヵ月にわたる公判前整理手続で徹底して争点・証拠の整理が行われたうえで一審の公判が開始されました。それでも、証拠調べ期日だけで一二回、そのうち一一回が終日開廷、最終弁論及び判決言渡しの両期日を合計すれば一四回、尋問された証人の数は二〇名、被告人質問にも丸四日が費やされ、審理時間の合計は八〇時間近くにも及びました（産経新聞社会部『法廷ライブ　秋田連続児童殺害事件』産経新聞出版）。

事実関係についての争点は、①彩香ちゃんの事件についての殺意の有無、②両事件における責任能力の程度、でした。それに加えて、死刑求刑が予想される事件だけに、③犯行動機、犯行に至る経緯、鈴香被告の生い立ち、境遇などの情状に関する事実も重要な争点となりました。また、これらの争点に関する重要な証拠である鈴香被告の自白調書の任意性（強制や誘導等の不当な取調べによって作成されたものなのではないか）も争われました。

争点①について、検察官が、「鈴香が彩香ちゃんに橋の欄干の上に登るように命じ、『お母さん、怖い』と言いながら鈴香にしがみつこうとした彩香ちゃんの左肩付近を、殺意をもって左手で力いっぱい押して、欄干の上から川の中に突き落とした」と確定的殺意による犯行を主張したのに対して、弁護人は、「橋の欄干で彩香ちゃんが『お母さん、怖い』と言い、左回りに半転した。それに驚いた鈴香は手で払うようにしてしまった」と殺意を否定し過失致死に過ぎないと主張しました。また争点②の豪憲君殺害時の責任能力についても弁護人は、「慢性的な精神疾患で、脆弱《ぜいじゃく》な精神状態で急激、戦慄《せんりつ》の行為に至った」として、心神耗弱《こうじゃく》を主張しました。

争点①についての検察官と弁護人の主張の対立は、争点②の責任能力や争点③の情状に関する事実と密接に関連します。また、争点③の量刑に関しても、彩香ちゃん、豪憲君の事件は相互に密接に関連しています。

一年以上かけた公判前整理手続の中で、このように相互に密接に関連し交錯し合う①〜③の争点を整理し、膨大《ぼうだい》な証拠資料の中から、争点に関連する証拠を抽出する作業が徹底して行われたうえで公判審理が開始されたのです。

鈴香事件の実際の公判経過を見ると、十分に時間をかけて公判前整理手続を行ったこともあって、争点についての判断に必要不可欠な内容の証拠調べが、集中的かつ効率的に行われています。つまり、この事件についてこれ以上に審理期間を短縮することは不可能だったと思われます。

そして、重要なことは、専門家である職業裁判官による審理だったからこそ、このような「短い」時間で済んだということです。しかも、弁護人が可能な限り、供述調書の証拠調べに同意し、事実のうちのかなりの部分が書面で認定されたことで、審理期間が大幅に短縮されているのです。もし、この事件の審理が裁判員裁判で行われていたら、原則として供述調書によらず、証人尋問・被告人質問で事実を認定することになり、しかも、素人の裁判員六名に証拠調べの内容を十分に理解してもらうために、尋問にかかる時間は大幅に増えます。仮に二倍の時間を要するとすると、約一六〇時間、裁判員制度の一日の審理時間は五時間が限度とされているので、裁判員は三〇日余り、つまり六週間以上にわたって連日裁判に加わることになるのです。

不合理な「部分判決」

裁判員の負担軽減策の一環として、同一の被告人が複数の犯罪で起訴された場合に、事件ごとに別々の裁判体で審理をして、最後に起訴された事実の審理を行った裁判体が量刑判断を行うという「部分判決」という制度が予定されています。

たとえば、一人の被告人が三つの事件を起こしたとすると、その場合一番目と二番目の事件を担当する裁判員は、有罪か無罪かだけを判断し、部分判決を言い渡します。三番目の事件を担当する裁判員は有罪か無罪かを判断すると共に、一、二番目の部分判決を踏まえて、量刑を含めた全体の最終判決を下す役割を担当することになっています。

しかし、この事件のように、争点が相互に密接に関連する彩香ちゃん殺害事件と豪憲君殺害事件とを別個の裁判体で審理することは、あまりにも不合理です。部分判決というやり方で、裁判員の負担を軽減することには限界があるのです。

適切かつ公正な事実認定・量刑判断を行うための裁判員の負担は、「負担軽減」を強調する裁判員制度キャンペーンによって多くの国民が認識させられている負担の程度とは、あまりにかけ離れたものです。

PRの文句では、「裁判員の負担を軽減するためにも、裁判にかかる日数ができるだけ短くなるように、さまざまな工夫や努力を行います。たとえば裁判における争点や証拠を事前に整理したり、できるだけ裁判を連日的に行ったりすることによって、約七割の事件は三日以内で終わります」(政府広報オンライン)とされていますが、この想定は楽観的過ぎると言わざるを得ません。

もし、このようなPRの通りに、一般の会社員、事業主の裁判員が許容できる範囲に負担を軽減するとすれば、本来最低限必要な審理期間の数分の一程度の時間しかかけられないことになり、重要な争点について必要な審理を行うことは到底不可能です。裁判員裁判は、センセーショナルなマスコミの報道によって予断・先入観を与えられ、十分な証拠に基づかないで印象によって判断する「民衆裁判」に堕《だ》してしまいかねません。

この場合、職業裁判官が審理に加わることによる判断の適正化もあまり期待できません。職業裁判官は、十分な証拠調べが行われて初めて事実認定と法律判断のプロとしての能力を発揮し、裁判体をリードすることもできるのです。そもそも心証形成に足る十分な証拠調べが行われていなければ、職業裁判官といえども適切な判断を行うことは困難なのです。

死刑判断の心理的重圧

裁判員の負担は時間的な面だけにとどまりません。この事件では、検察官は、彩香ちゃん、豪憲君二名に対する殺人罪、しかも豪憲君殺害については計画性を主張して死刑を求刑、弁護人は彩香ちゃんについては過失致死、豪憲君の殺人についても心神耗弱を主張し、計画性のない衝動的な犯行だとして有期刑を求めました。しかも、被告人の生い立ち、境遇などについても両者の主張は完全に対立しています。

裁判員にとって最大の負担は、このような主張が真っ向から対立する事件で、「死刑か無期か、はたまた有期か」という結論について、困難な判断を迫られることによる心理的重圧です。

この事件で一審の職業裁判官が下した判決は無期懲役でした。検察官の主張の大部分を認めながら、「衝動的犯行」という理由で死刑の判断を回避した裁判官の苦悩は察するにあまりあります。しかし、その判決は、罪もないわが子を殺されて極刑を望む遺族には到底受け入れられるものではありません。この判決に対しては検察、被告人双方が控訴しています。

死刑か無期懲役かという判断が、職業裁判官にとってもいかに重い負担かということを示す端的な例があります。

一九九二年と九八年に起きた佐賀・長崎連続保険金殺人事件で、夫と二男を殺害したとして殺人、詐欺などの罪に問われ、死刑を求刑された女性と元交際相手の判決公判で、両名に死刑を言渡した裁判長は、被告に「裁判所としては控訴審の判断を求めることを勧めます」という趣旨の説諭を行いました。当時、長崎地検次席検事であった私は、マスコミから、その説諭についてコメントを求められ、「それでは、被告は一体誰に死刑相当と判断されたのかわからなくなる」と答えました。

この事件では、二件の殺人の外形的事実自体には争いはありませんでしたが、被告女性がなぜ、夫だけではなくわが子の殺害にまで関わったのか、その「心の闇」は、二年あまり、三〇回にも及んだ公判期日の審理によっても、なかなか明らかになりませんでした。この被告女性を死刑にすべきか無期懲役にとどめるべきかの判断は極めて微妙でした（結局、女性は控訴審で無期懲役に減刑されました）。裁判長は、悩み抜いた末、死刑の言渡しをしたのですが、その判決が万が一にもそのまま確定して被告女性が死刑に処せられることだけは絶対に受け入れ難かったのでしょう、被告人に対して、判決言渡し後に、自分で言渡した判決を不服として控訴することを勧める、という異例の発言を行ったのです。

職業裁判官は、そのような重圧に耐えて死刑の言渡しをすることも含め、厳正な裁判を行うことを「生業《なりわい》」にしています。人間に対して「死をもって贖《あがな》うべき」との判断を下すという重い負担からも逃げてはならないのです。しかし、そこまでの重い負担を、裁判を「生業」としていない一般市民に、なぜ負わせなければならないのでしょうか。

一般市民が印象や思い込みで死刑に処すべきだと判断することの恐ろしさは、欧米の多くの国で「魔女裁判」など過去の民衆裁判の愚かしい歴史を踏まえて認識されてきました。死刑を廃止しているヨーロッパ諸国においても、陪審裁判が被告人の権利と位置づけられ選択権が認められているアメリカでも、市民が死刑について裁量的な判断をすること、ましてや多数決で死刑を決めることはあり得ません。

この連続殺人事件に裁判員制度を当てはめてみると、そこに見えてくるのは、十分な証拠調べを行うこともなく、印象や感覚で死刑の適用を判断するという、「民衆裁判」のもっとも悪い面が表れる危険です。

「思考停止」から「迷走」へ

本章でこれまで述べてきた制度自体の問題を意に介することなく、批判に目もくれないで、二〇〇九年五月の実施に向けて突き進んできた裁判員制度ですが、〇八年後半から少し雲行きがおかしくなってきています。

一つは、政治の世界の動きです。二〇〇八年六月末に、テレビ朝日の深夜番組「朝まで生テレビ」で裁判員制度の問題が取り上げられ、私も、裁判員制度導入反対の立場でパネリストとして出演したのですが、番組が始まった当初は賛否相半ばという感じだったのが、最後の方では、反対論が圧倒的に優勢となり、賛成だった人たちも次々に反対に変わり、司会の田原総一朗氏は、「こんな法律を全会一致で通す政治家がいかにいい加減かがわかった」などと発言する始末でした。この番組に出演していた社民党の福島瑞穂代表は、番組の中で、裁判員制度の導入延期に向けて動くことを表明、それから間もなく、社民党は、裁判員制度の延期を含めた見直しの検討を開始、〇九年一月に開会された通常国会に国民新党と共同で裁判員制度実施延期法案を提出する方針を明らかにしました。また、共産党も制度に対して国民の理解が得られていないことなどを理由に、制度実施延期を求める方針を明らかにしています。

このような社民党などの動きは単なる「一部野党の問題」にとどまりません。目前に迫った衆議院選挙で民主党が過半数を獲得し、民主党政権になった場合でも、参議院では民主党の議席は過半数に達していないので、国会で法案を成立させるためには、社民党、国民新党などの協力を求めざるを得ません。両党が共同で提出する裁判員制度延期法案への民主党の対応が注目されます。

もう一つ、裁判員制度実施に向けた動きに重大な影響を与えたのが、二〇〇八年一二月九日に広島高裁で言い渡された、ペルー人の被告に対する女児殺害事件の判決です。第一審の広島地裁は、公判前整理手続の争点整理を経て、集中審理方式で五日間、二五時間の審理で「終結」、検察官の死刑求刑に対して無期懲役を言渡しました。これはまさに、裁判員制度導入を想定したモデルケースのようなやり方でした。

しかし広島高裁は、「一審判決は審理を尽くしておらず違法」だとして、広島地裁に差し戻す判決を言渡しました。高裁判決は、一審判決が、殺害の犯行場所を「自宅アパート及びその周辺」と認定し、室内の犯行か屋外の犯行かを認定せず、その点を曖昧にしたまま無期懲役の判決を言渡した一審判決を「室内であればどのように連れ込んだかで犯行形態が大きく異なる。通行人に容易に見られるような場所の犯行であれば刑事責任能力に疑問が生じたり、逆に悪質性が強まったりする」と指摘して、厳しく批判しました。

このように重要な争点についての判断を回避したまま判決が行われる危険性が裁判員裁

判で極めて大きいことは、「秋田連続児童殺害事件」の事例に基づいて述べたとおりです。広島高裁判決は、裁判員制度実施に向けて進められてきた「裁判員の負担軽減のための審理迅速化」という刑事裁判の流れ自体に重大な疑問を提起したものと言ってよいと思います。

こうした動きを受けて、最高裁の態度にも変化が表れています。二〇〇九年一月一七日付けの読売新聞によると、最高裁刑事局は、四年間にわたり全国の地裁で行われてきた模擬裁判の成果を分析した報告書の中で、「国民の負担を減らすため、審理期間の短縮を目指して工夫を重ねてきたが、有罪・無罪などを判断する基礎となる真相の解明を重視し、必要な審理は尽くされるべきだ」としているとのことです。「スピード審理」より「充実した審理」の必要性を指摘したもので、裁判員裁判のあり方を示す参考資料として活用されるとのことですが、もし、最高裁が、裁判員制度においても「充実した審理」を重視する方向に方針を転換したとすると、前に述べたように、政府広報オンラインなどで、「約七割の事件は三日以内で終わると想定されています」などと言って、国民に対して「裁判員の負担の軽さ」をアピールしてきたことと矛盾します。

しかし、「負担の軽さ」のアピールを撤回し、「『充実した審理』に付き合ってもらいます」と正面から言えば、世論調査に表われているように、いまだに裁判員裁判への国民の理解がまったく得られていない現状を、さらに悪化させることは必至です。

最高裁、法務省、検察、日弁連などの司法関係機関を総動員して、膨大な労力と膨大なコストをかけて行われてきた裁判員制度導入に向けての動きは、今まさに「迷走状態」に陥っています。

「官」「民」の裁判員制度推進の理由の違い

なぜ、このようにあまりに問題が多い裁判員制度を導入する政府の方針が決定され、法案が成立したのか。なぜ、問題が指摘され、反対論が高まっても、関係機関がここまで制度実施に向けて突き進んできたのか。その根本的な原因は、最高裁や法務・検察という司法・行政機関、つまり「官」の側と、日弁連という「民」の側という二つの裁判員制度推進派の間で、裁判員制度導入についての考え方がまったく異なっているのに、「司法への市民参加」は、やらないよりやった方がよい、という点だけ一致しているということで、協力して制度導入を進めてきたところにあります。

後者の「民」の側、日弁連の推進派の主張は、「これまでの刑事司法には重大な問題があるので、何が何でも改革する必要がある」というものです。

つまり、判事と検事の人事交流が行われていること、裁判官と公判担当の検察官とが親密な関係にあること、密室での取調べでつくられた膨大な量の供述調書による事実認定が行われることなど、これまでの職業裁判官による刑事裁判のやり方が冤罪を生む温床になっている、だから刑事裁判に市民を参加させて裁判官と検察官の癒着関係を断ち切り、裁判員が法廷で直接証人や被告人から話を聞くことを中心とする裁判に根本的に変えていこう、というのです。

一方、最高裁、法務・検察という「官」の側は、こうした日弁連推進派の主張を受け入れた上で制度を導入しようとしているわけではありません。

では、なぜ裁判員制度の導入が必要なのか、「官」の側の制度推進の理由はいまひとつわかりにくいのですが、要するに、国民に刑事裁判を理解してもらうことが目的のようです。その考え方は、「裁判員の参加する刑事裁判に関する法律」一条の目的規定の「この法律は、国民の中から選任された裁判員が裁判官と共に刑事訴訟手続に関与することが司法に対する国民の理解の増進とその信頼の向上に資することにかんがみ」という表現に表わされています。要するに、裁判員制度を導入しようとする「官」の側の論理は、「国民が裁判官と共に刑事訴訟手続に関与すること」が「司法に対する国民の理解と信頼につながる」というものです。「司法」を国民が理解・信頼してくれていない現状を改善することが目的であって、刑事裁判のやり方を変えること自体が目的ではないのです。そこに

「民」の日弁連の推進派の導入論とは根本的な違いがあります。

日弁連側の導入論は、ごく一部の冤罪事件を生んだ構図を刑事司法全体に一般化して、裁判のやり方を根底から変えさせようとするものです。これまで述べてきたような裁判員制度の問題点の指摘に対しても、「今の刑事司法を変えるためには、裁判員制度を導入したほうが、しないよりはまし」と言って議論を封じようとします。そのような考え方と、刑事裁判の現状を肯定したうえで、市民を刑事裁判に参加させることで市民の司法への理解を得ていこうとする「官」の側の裁判員制度導入論とは、天と地ほどの開きがあります。

本来、コラボレーションというのは、ミッションを共通にする人間や組織の間で行われるものです。裁判員制度導入に向けての官と民の論理はまったく相容れないもので、健全なコラボレーションができるような関係ではありません。そのような「歪んだコラボレーション」のために、そもそも何のために制度を導入するのか、その目的実現のためにどのような制度設計が適切なのか、という根本的な議論が行われないまま、「司法への市民参加」だけが自己目的化してしまったことが、このような事態を招いたのです。

国民から理解・信頼されるべき「司法」

「官」の側の論理における、「国民から理解され信頼されるべき『司法』」というのは、本書冒頭のたとえで言えば、市民にとって非日常的な世界、つまり「黄門裁き」のような世界です。そこに市民を参加させることで、黄門様の判断がいかに適切かを市民に実感させ、黄門様の側でも少しは市民の声を参考にすることで、一層、「黄門裁き」の信頼性を高めよう、というようなところが、「官」の側の導入の理由です。そういう考え方の下では、「黄門裁き」の中身を外部に漏らす行為は、権威を損なう行為として禁止すべきということになります。評議の内容について守秘義務が課されるのも、そのためなのです。

裁判員裁判に市民を参加させることの裁判所にとってのメリットについて、コリン・P・A・ジョーンズ氏は、『アメリカ人弁護士が見た裁判員制度』(平凡社新書)の中で、「裁判員を関与させることによって、外からの批判が難しくなる。しかも参加した裁判員は守秘義務で口が封じられているため中からの批判もなかなかできない状況も担保されている。特定の事件についても、制度全体にしても〝国民が決めたこと〟になり、何となく、批判しているほうが悪いという雰囲気ができてくるだろう」と分析しています。

また、同氏は同書の中で、「『普通の人はバカか幼稚だ』というのが、裁判員制度だけではなく、日本の司法制度の一種の前提になって」おり、それが、最高裁、法務省、日弁連が共同でつくったパンフレットの中に子どもの絵本に出てくるようなイラストが使われ、最高裁がつくったパンフレットが全編マンガでつくられることにつながっていると指摘しています。前に述べた裁判員制度に関する派手なキャンペーンの背景には、制度を導入しようとする側の「普通の人はバカか幼稚だ」という見方と、制度を上から下に押し付けようとする意識が働いているということです。

司法制度改革の目的が、これまで日本の社会で十分な機能を果たして来なかった司法の世界を、市民にとって身近で使いやすいものに変えていくことなのであれば、司法の世界を市民に開かれたものに変える必要があります。それは、従来通りの司法の世界を市民に理解させ、信頼させることではなく、司法の側を、市民に開かれ、理解される方向に変えていくことなのです。

そのためには、市民生活や経済活動に密接に関連する民事・刑事の事件の裁判に市民を参加させ、市民感覚や経済感覚を裁判に反映させていくことで、社会や経済の実情からずれて、思考停止状態に陥っている司法の世界を抜本的に改めていくことをめざすべきです。

そういう観点からは、死刑、無期を法定刑に含む重罪事件の裁判という市民生活とはかけ離れた特殊な世界に市民を参加させることで、従来からの司法の世界を市民に理解させ信頼させようとする「官」の側の裁判員制度導入の論理には重大な問題があります。

それは目的が誤っているだけでなく、市民に重い負担を押し付け、しかも、刑事裁判にも重大な支障を生じさせることで、司法の世界を市民にとってますます近寄り難く遠い存在にすることにもなります。それは、日本の社会にとって本当に必要な司法の改革を大幅に遅らせることにもなりかねません。

第5章　厚生年金記録の「改ざん」問題をめぐる思考停止

年金記録「改ざん」問題に隠されたもの

厚生年金記録の「改ざん」の問題で、社会保険庁（社保庁）が国民から大きな批判を浴びています。国民年金の記録五〇〇〇万件が誰のものかわからなくなったという、いわゆる「消えた年金記録」の問題に続いて、将来の厚生年金給付額の算定の基準になる標準報酬月額が、本人が知らない間に引き下げられた「改ざん」問題が表面化し、「消された年金」問題などと呼ばれ、社保庁が組織丸ごと〝犯罪者集団〟であったかのように扱われています。

この年金記録「改ざん」問題に関して社保庁や職員に対して浴びせられている非難が、ほとんど根拠のない空中楼閣のようなものだと言うと、さぞかし驚かれることでしょう。マスコミもみんな社保庁の組織が丸ごと犯罪者集団だと報道しているし、世の中のみんなが、そう思っているではないか、と言われるでしょう。しかし、この問題も、「改ざん」という言葉に対して向けられた「印籠」が、世の中の「総思考停止状態」を生み、「社保庁組織丸ごと犯罪者集団ストーリー」を作り上げてしまった典型的な事例なのです。

私は、二〇〇八年一〇月に厚生労働大臣の下に設置された「標準報酬遡《そきゅう》及訂正事案等に関する調査委員会」に調査委員として加わりました。その調査を通じて、この問題について、マスコミの報道や世間の認識に極めて大きな誤解があることがわかりました。

同年一一月二八日に公表された調査委員会の報告書には、客観的な調査結果は一応記述されており、丹念に報告書を読めば、この問題の本質を理解する材料はそろっているはずなのですが、マスコミや世間の、年金記録「改ざん」の受け止め方は、報告書公表後もほとんど変わっていません。

この問題は、一般に思われているような、社保庁職員個人や現場の組織が行った犯罪行為として単純化できるような問題ではありません。その背景には、厚生年金という制度の本質、そしてその制度を、大企業と中小企業の存在という産業の二重構造の下で適用していくことの困難性など、さまざまな問題があります。このような背景に目を向けず、「改ざん」と言われる不正行為、違法行為にばかり関心を集中させていると、厚生年金という制度の運用に重大な支障を生じさせることになりかねません。

そこで、本章では、この厚生年金の遡及訂正をめぐる問題が、どのような経過で空中楼閣のような「組織丸ごと犯罪者集団ストーリー」に発展してしまったのか、その原因と経過を明らかにしたいと思います。

厚生年金制度と標準報酬月額

まず、厚生年金という制度の概要と特徴、それに標準報酬月額というものの意味について説明しておく必要があります。

厚生年金というのは、事業者に雇用される労働者を対象とする公的年金です。法人事業者はすべて、そして、個人事業主で従業員五人以上を常時雇用している場合に、厚生年金への加入が義務付けられています。

個人事業者であれば、事業主自身は厚生年金には加入できませんが、法人事業者は、経営者もその家族も、法人から報酬を受け取っている限り厚生年金の加入の対象です。

厚生年金については、給与や報酬の額に応じて標準報酬月額が設定され、それを基準に保険料の支払義務と将来の年金を受給する権利が生じます。そして、従業員の厚生年金保険料の半分は事業主が負担することになっています。厚生年金は、国民すべてが加入する国民年金の「上乗せ」の年金とされており、厚生年金に加入している限り、年金額が国民年金だけの加入者より低くなることはありません。

そして、ここで重要なことは、このように、本来、労働者のための年金制度である厚生年金は、国民年金とは異なり、加入していると標準報酬月額に応じて保険料を支払う義務と同時に将来の年金の受給権が生じること、また、その年金受給権は、保険料を滞納していても変わらないということです。

ですから、保険料を滞納している事業者自身も、いくら多額の保険料を滞納していても、保険料を支払った場合と同じだけの年金が受給できるのです。

「改ざん」が問題にされた経緯

年金記録の「改ざん」と言われているのは、標準報酬月額を遡《さかのぼ》って引き下げる（遡及訂正）行為のことです。問題の発端は、二〇〇八年二月に総務省の年金記録確認第三者委員会によって、事業者の従業員であった保険加入者の知らない間に、この遡及訂正が行われていた事例があることが、明らかになったことでした。この第三者委員会というのは、被保険者自身の記憶と年金記録との間に齟齬《そご》がある場合に、申し出によって調査して権利を回復することを目的に設置されたものです。

標準報酬月額を遡及訂正すると、支払うべき保険料が遡って安くなりますから、滞納保険料が減る一方、将来受け取ることになる年金額も減ることになります。事業主が自分自身や生計を同一にする家族の報酬月額を引き下げたのであれば、将来の年金が減ることを納得した上で手続を行っているのですから実質的な被害はありませんが、従業員の報酬月額が本人の知らないうちに勝手に引き下げられた場合、引き下げる前の報酬月額に見合う保険料が給与から天引きされていたのであれば、その分、将来受け取れる年金額が不当に減らされることになる一方、事業主が天引きした保険料を着服したことになります。そのような遡及訂正に、社保庁の職員が関わっていたとすれば、職員としてあるまじき行為です。

「年金改ざん」として問題にされたのは、このような、従業員の標準報酬月額が知らない間に引き下げられた事例でした。そして、社保庁職員の側にも、そのようにして遡及訂正を行えば、保険料の滞納を解消して徴収率を上げられるというメリットがあるので、そのような従業員の報酬月額の「改ざん」に関わっていたのではないかという疑いが向けられたのです。

同年八月、滋賀県の大津社会保険事務所の元徴収課長が、民主党の部門会議で、徴収率を上げるための組織的な標準報酬月額の「改ざん」が行われていたとの告発証言を行いました。その証言によって、社保庁が組織ぐるみで厚生年金記録の「改ざん」に関与していたとの疑いが持たれるようになったのです。

そして、一〇月三日、社保庁は、総務省第三者委員会の調査で明らかになった従業員の標準報酬月額が遡及訂正された事例合計八八件に共通する要素、すなわち①標準報酬月額の引き下げ処理と同日もしくは翌日に資格喪失処理が行われている（厚生年金から脱退している)、②標準報酬月額が五等級以上遡及して引き下げられている、③六ヵ月以上遡及して記録が訂正されている、という三要件に該当するものを、「不適正な遡及訂正処理の可能性がある記録」として扱うこと、及びこの三要件をすべて満たす記録が、厚生年金記録がオンライン化された一九八六年以降で六・九万件あることを公表したのです。

この三要件をすべて充足する事案は、保険料の滞納を解消する目的で遡及訂正が行われた疑いがあるということは言えます。しかし、保険料の滞納の解消という目的があったとしても、それがただちに不適正だとは言えません。「不適正」というのは「給与・報酬の実態に反している」という意味ですから、実際に給与や報酬が低くなっていたのに、標準報酬月額が高いまま維持されていた場合の遡及訂正のように、訂正された報酬月額が、過去の給与・報酬実態に沿うものであれば問題はありません。保険料を滞納している事業者が、給与・報酬の改定を怠っていたのを過去に遡ってまとめて訂正するということは十分あり得るのです。

ところが、マスコミは、この六・九万件すべてを不正な「改ざん」の事案であるかのように報道し、世間はそのように受け取りました。それが、この問題について世の中に誤解が生じることにつながりました。

この公表を受けて、六・九万件を主たる対象にして、「不適正な遡及訂正」への社保庁職員の関与について調査と調査結果に基づく対応策の検討等を行うために設置されたのが、この章の冒頭で述べたように、私も委員として参加した厚労省の調査委員会でした。

実質的な被害を伴う「改ざん」はどれだけあるのか

年金加入者側に無断で、社保庁職員が勝手に報酬月額を遡及訂正した事案であれば、露骨な犯罪行為そのものであり、弁解の余地はまったくありません。そのような行為をイメージするのが「改ざん」という言葉ですが、さすがに社会保険事務所で職員が一方的にそうした行為をしていたという話はまったく出てきていません。問題になった「遡及訂正」は、少なくとも、事業主側の意思に基づいて行われたものです。

問題は、事業主やその家族など事業主側の人間の報酬月額を、本人の意思で、あるいはその了解の上で遡及訂正しただけなのか、それとも従業員の標準報酬月額を、その従業員が知らない間に勝手に訂正した行為を含んでいたのかということです。

前者であれば、将来の年金受給額が減ることを覚悟の上で本人の意思によって訂正しているわけですから、実質的な被害はありませんが、後者であれば、従業員の給料から保険料が天引きされていたのに、その保険料に見合う年金が貰えないという実質的な被害が発生します。

この場合従業員の報酬月額が、本人が知らない間に勝手に実際の給与の額より低い金額に引き下げられたのであれば、「改ざん」と言われたとしても仕方のない行為ですが、それも、社保庁職員の側はまったく関与せず、事業主側だけで遡及訂正したのであれば、それを見抜けなかったことについての過失の責任が問題になる余地はあっても、社保庁職員が「改ざん」に関わったということではありません。

そこで、この六・九万件の中に、実質的な被害を伴う従業員の報酬月額の遡及訂正で、なおかつ、社保庁職員の側が関与した事案（これを「従業員案件」と呼ぶことにします）がどれだけ含まれているかが問題になりますが、六・九万件の内訳を見る限り、大半は、事業者自身又は事業主と生計を同一にする家族の報酬月額の遡及訂正であり、従業員案件はわずかな数に過ぎないと考えられます。しかも、その中に、社保庁職員の側が関与した事案が果たして存在するのか、存在するとしてもどの程度の数なのか、この調査委員会の調査では具体的事実は明らかになっていないのです。

中小企業の経営実態

六・九万件の記録は、事業所単位で見ると、約四・二万事業所の記録です。そのうち遡及訂正の対象となった人数が二名以上いる事業所は約一・三万事業所であり、遡及訂正された人数が一名というのが事業所数にして二・九万、つまり対象事業所の約七〇％は事業主だけの報酬月額の遡及訂正と考えられます（保険料滞納を解消する目的という前提であれば、事業主の報酬月額に手を付けず、従業員一名だけの報酬月額を長期間にわたって大幅に引き下げるということはほとんど考えられません）。

そして、遡及訂正の人数が二名以上の約一・三万事業所の対象人数の合計は約四・一万人ですので、平均すると一事業所当たりの遡及訂正の対象者は三・二人、この中には、事業主と生計を同一にする家族や事業主側で遡及訂正に同意している人間の分が相当数含まれていると考えられます。

遡及訂正の対象者が四名以上の事業所は二七八二事業所で全事業所数の約七％です。この中には従業員の分が含まれている可能性がありますし、そのうち一〇名以上の七六六事業所（全事業所数の一・八％）の報酬月額の遡及訂正には、従業員の分が含まれている可能性がかなり高いと考えられます。

しかし、対象人数が多い事案のすべてが、給与の実態に反して、保険料の滞納を解消する目的で行われた不適正な遡及訂正だとは言い切れません。

この六・九万件というのは、遡及訂正を行った日か翌日に事業者が厚生年金から脱退し、その際に、標準報酬月額を六ヵ月以上にわたって五等級以上遡及して訂正したものです。要するに、事業が継続できなくなって倒産・廃業したか、事業は継続しているが保険料が払えないので廃業したことにして厚生年金から脱退したか（本来は法人事業者として継続している以上厚生年金への加入義務があるのですから、脱退は違法であり「偽装脱退」ということになります）のいずれかです。

厚生年金からの脱退の際に直近の標準報酬月額を従業員の分を含めて見直し、人件費削減のリストラで給与が減額されていたことを届け出たということもあり得ないことではありません。五等級の引き下げというのは、例えば、給与三〇万円から二〇万円への引き下げ、二〇万円から一五万円への引き下げを意味します。倒産寸前の中小企業であれば十分にあり得る給与カットです。

一つの問題は、倒産寸前で給与カットが行われているような場合には、従業員の報酬月額が大幅に遡及訂正されていたとしても、給与からの社会保険料の天引きが実際に行われていたとは限らないということです。資金繰りが厳しい状態だと、従業員の給与をギリギリまでカットせざるを得ず、従業員の生活のために、社会保険料を天引きしないで給与を支払っていたという可能性もあります。もちろん、厚生年金に加入している事業者は、保険加入者の従業員に給料を支払う場合には社会保険料を天引きすることが法律上義務付けられているのですから、天引きしないのは「違法」です。しかし、倒産寸前の状態の中小企業の実態は、すべて法律にしたがって行われているとは限らないのです。

また、そもそも厚生年金の加入者として届け出られている従業員が実際には存在していないということもあり得ます。脱税目的で架空の人件費を計上する事業者もいますし、建設業者の場合など、建設業法によって都道府県などへの経営事項審査申請の際に、従業員数や技術者数を実際より多く記載して審査点数を高くするために、架空の従業員を社会保険事務所に届け出るというケースも過去に発生しています。

このように中小企業の経営実態はさまざまであり、その中には、程度の差はあれ、違法なやり方を行っている事業者も少なくありません。それを考慮すると、全体の約七%の四名以上の遡及訂正の事案、約一・八%の一〇名以上の遡及訂正の事案の中に実質的な被害を伴う従業員案件がどの程度含まれるのかは、個別の事案を具体的に見てみないと確かなことは言えません。しかも、実質的な被害を伴う従業員案件があったとしても、その事案に社保庁職員の側がどの程度関与しているのかはまったくわからないのです。

少なくとも、現時点で判明している限りにおいては、この六・九万件の中には、社保庁職員の側が関与して、実質的な被害を伴う「改ざん」が行われたことを認める根拠はまったくないと言わざるを得ないのです。

事業主だけの遡及訂正は不正行為なのか

そこで、次に問題になるのが、少なくとも六・九万件の四割以上を占める計算になる、事業主だけの標準報酬月額を遡及訂正した事案をどう見るのかです。この点に関しては問題が二つあります。一つは、遡及訂正が「不適正」と言えるかどうかです。

標準報酬月額を遡って引き下げたとしても、それが事業主の報酬の実態に沿ったものであれば何の問題もありませんが、報酬の実態に反する遡及訂正は「不適正」ということになります。

ところが、中小企業の場合、事業主の報酬の実態を把握するのは容易ではないのです。経営基盤が安定している大企業とは異なり、中小企業は経営が不安定です。景気の変動や事業環境の変化によって、経営状態が一気に悪化することもあります。経営状況が良いときには事業主が相当な報酬を受け取っていても、経営状態が悪くなると、資金繰りに困って従業員の給料を事業主個人が借金して支払うということも珍しくありません。要するに、中小企業の経営者の実質的な報酬額というのは大幅に変動するし、時には事業主側の「持ち出し」となることも珍しくないのです。

中小企業であっても、株式会社である以上は、定款または株主総会決議で役員報酬の額を定めなければならないというのが会社法の建前です。そして、実務上は、報酬総額を株主総会決議によって決定したうえで個々の取締役の報酬額の決定を取締役会に委ねるのが一般的です。厚生年金の標準報酬月額も、取締役会決議で定めた金額を算定の基礎となる報酬として取り扱うのが原則です。

しかし、実際の中小企業での事業主への報酬の支払いは、そのような建前どおりとは限りません。では、このような場合の中小企業の事業主の標準報酬月額の算定の基礎となる報酬をどのように考えたらよいのでしょうか。

この点に関する社保庁からの回答は、「役員報酬の全部又は一部が支払われない状態が三ヵ月以上継続し、結果的にも会社に当該未払報酬を支払う資力がない場合であって、当該役員も会社の支払能力が厳しいことを認識し、その期間における当該未払報酬が支払われないことを了承した場合等には、すでに支払われている役員報酬の額が、上述の標準報酬月額を算定する基礎となる報酬に当たる」というものでしたが、その事業主がその報酬請求権を過去に遡って放棄すると申し出た場合や、また、正規の報酬支払手続きがとられないまま事実上報酬が支払われていた場合などにどう取り扱ったらよいのかについては、明確な答えはなかったとされています。

要するに、中小企業の事業主の報酬については、社保庁も、明確な考え方が示せないのです。

保険料を滞納している事業者の多くは経営不振の状態にあります。そういう事業主の標準報酬月額を遡及訂正した事案について、それが報酬の実態に反しているのかどうかは、極めて判断が難しい問題です。ということは、事業主だけの標準報酬月額の遡及訂正の大部分は、そもそも「不適正」と言えるかどうか、つまり、不正行為、違法行為と評価できるかどうか自体が不明なのです。

保険料滞納を解消するための「遡及訂正」は悪いのか

もっとも、調査委員会の調査対象として抽出された六・九万件というのは、もともと、保険料滞納を解消する目的で行われた可能性が強いと考えられる遡及訂正の事案です。そういう目的で行われた遡及訂正であれば、事業主が実質的に受け取っている報酬が実際にいくらであったのかを厳密に確定しようとする努力は十分に行われていない可能性が高く、遡及訂正された標準報酬月額は、程度の差はあれ、報酬の実態と食い違っている可能性が高いことも否定できません。また、中には、何年もの長期間にわたって、大幅に遡及訂正している場合のように、遡及訂正が報酬の実態に沿うものとは思えないものもあります。

そこで問題になるのが、保険料の滞納を解消する目的で行われた、事業主の報酬の実態とは異なった標準報酬月額の遡及訂正をどう評価するかです。法令上は、標準報酬月額が報酬の実態に適合するように設定されなければならないのですから、このような行為が「法令違反」であることは否定できません。しかし、実質的に見て、そのような遡及訂正に関わった社保庁職員を非難できるか、その責任を追及できるかは別の問題です。

この点について報告書では次のように書かれています。

「事業主の標準報酬月額のみを遡及的に引き下げる手法が用いられた場合には、一見すると、事業主が将来の年金給付の減額を承知の上で滞納保険料を帳消しにしてもらっただけであり、特に問題はないかのようにも見える。しかし、社会連帯・相互扶助の思想に基づく厚生年金保険制度の下では、何人といえども、将来の年金給付の減額を見返りとして、本来支払うべき厚生年金保険料を免除してもらうことは許されないのであるから、事業主であっても、実際に受け取っていた報酬額よりも低い標準報酬月額に遡及訂正し、保険料債務を減らしたり還付金を受けたりすることは決して許されるものではない」

つまり、報酬の実態に反して事業主の標準報酬月額の遡及訂正を行うことは、「許されない」というのが、調査委員会の委員の中の多数意見なのです。

確かに、厚生年金保険法によって、厚生年金加入者には、報酬の実態に応じて標準報酬月額を設定することと、その額に応じて保険料を支払うことが義務付けられています。事業主も、報酬を受け取っている事実があれば、それに応じて保険料を支払うことは法的義務です。その支払義務を免れさせることは「法令遵守」の観点からは許されないということになります。しかし、その義務の性格は、所得に応じて税金を支払わなければならないという「納税義務」と同じではありません。

納税は、納税者が国に対して一方的に支払義務を負うものですが、年金については、支払義務が生じるとともに将来の年金を受け取る受給権が生じます。そして、基本的に、負担と給付が均衡するように制度設計が行われています。年金の場合、標準報酬月額を引き下げるということは、保険料負担と将来の年金給付の両方を引き下げるもので、脱税の場合のように、国への支払義務だけを一方的に引き下げるものではないのです。

そして、もう一つ重要なことは、中小零細事業者であっても、法人であれば事業主も厚生年金に加入しなければなりませんが、個人事業主は厚生年金加入義務がないどころか、加入することができないということです。

しかも、法人事業者はすべて厚生年金加入を義務付けられていると言っても、実際には法人でも厚生年金に加入していない未加入事業者も相当数存在しているのが実情です。社会保険事務所でも、零細な事業者に対しては、厚生年金への加入を積極的に働きかけてはいません。

厚生年金に加入している事業主は、報酬を得ている以上、その報酬に応じて標準報酬月額を設定しなければならないというのであれば、法人事業者なのに厚生年金に加入していない事業主の問題も放置できないはずですし、そもそも、個人事業主が零細な法人事業者の経営者と経営実態がほとんど変わらないのに、厚生年金に加入することが認められていないこともおかしいということになるはずです。

要するに、中小零細企業の事業主の厚生年金の加入を認めるべきか否か、報酬と保険料負担の関係をどのように定めるかについては、いろいろな考え方があり得るのです。たとえば、現在の厚生年金保険法は、法人事業者についての標準報酬月額と保険料、年金額の関係を、中小企業と大企業の場合とでまったく同じに扱っていますが、経営実態の違いを考慮して、保険料、年金額の両方を半分にするという方法も考えられなくはないのです。

こうして考えていくと、報酬額に応じた標準報酬月額を基準に保険料、年金受給額を定めるという方法を、すべての法人事業者に一律に適用する現在の厚生年金保険法の制度は、中小企業の実態にすべて適合しているとは必ずしも言えないのであり、報酬の実態に反して事業主の標準報酬月額を遡及訂正することは、形式的に「法令遵守」に反したことにはなりますが、それが、実質的に見て反社会的な行為だとは必ずしも言えないのです。

制度で解決できないことを「非公式な調整」で解決する

社会保険事務所での徴収の実態という面から考えても、保険料の滞納を解消する目的で事業主だけの標準報酬月額を遡及訂正するという方法がとられるのは致し方ない面もあります。

重要なことは、この章の始めの厚生年金制度の概要の中で述べたように、厚生年金保険の制度は「保険料を滞納していても年金がもらえる仕組み」になっているということです。

この「保険料を滞納していても年金がもらえる仕組み」の下では、「保険料を支払わなかった事業主自身が将来高額の年金を受給でき、その負担を真面目に保険料を支払った他の厚生年金加入者が負う」という不合理が生じます。それにどう対処するかは、社会保険事務所の保険料徴収の現場における極めて重要な問題です。

保険料滞納に対して社会保険事務所の職員の側で行うべき「正規の手段」は、差押えなどの滞納処分を積極的に行って迅速に滞納を解消することです。しかし、現実に経営が悪化して資金繰りに窮している中小零細事業者にはめぼしい資産などありません。差押えによって保険料を徴収することは現実的には極めて困難です。無理に差押えをするのであれば、売掛金が入金される銀行口座を差し押さえるというようなやり方をとるしかありませんが、それは事業者をただちに倒産させることにつながり、その売掛金で支払うはずだった従業員の給料も支払えないという事態を招くことになります。このような差押えまで行って保険料を徴収することを、社会保険事務所の現場の職員に期待するのは無理でしょう。

現実的には、滞納保険料を分納にして、払える範囲で支払ってもらうよう粘り強く説得するしかないということになります。しかし、そういう方法で、保険料の滞納を解消するのは容易ではありません。事業を続けている限り、保険料の支払義務が発生し続けますし、滞納している保険料については年一四・六％という高額の延滞料も発生します。滞納が解消されるどころか、逆に滞納保険料が膨《ふく》れ上がっていくということになる場合が多いものと考えられます。

しかし、厚生年金の「保険料を滞納していても年金がもらえる仕組み」の下では、事業主の保険料の滞納を放置し、滞納したまま事業者が倒産・廃業して、保険料の徴収不能が確定してしまうと、保険料を支払っていないのに、将来年金がもらえることも確定してしまいます。そういう意味で、社保庁の組織にとっても、徴収担当者にとっても、保険料の滞納を解消しようとすること、徴収率を維持しようとすることは極めて重要な職責です。

そこで、保険料を滞納している事業者は、経営状態も悪く、事業主の報酬も満足にもらえていないのが通常ですから、事業主に働きかけて、事業主の標準報酬月額を引き下げさせて、保険料支払義務と将来の年金額の両方低くしようとするのも、ある意味では当然の動きとも言えるのです。

そして、すでに滞納額が大きくなっていて、将来に向かって報酬月額を引き下げただけでは滞納が解消できない場合に、過去に遡って引き下げるというやり方で、保険料支払い義務と将来の年金受給額の両方を引き下げるという方法をとることは、公式の制度だけでは適切な解決ができない中小企業に対する厚生年金の適用の現場での「非公式の調整」としてやむを得ないことのように思えます。

「遡及訂正」という方法を使わないからと言って、社保庁の徴収担当職員が職責を果たしているとは必ずしも言えません。保険料の滞納を解消すること自体に消極的で、多数の長期・大口の滞納案件が放置されている、というような社会保険事務所もあります。その方が、徴収担当者としての職責上はるかに問題です。それと比較すれば、従業員に不利益が及ばないようにしつつ事業主だけの標準報酬月額を調整することによって保険料の滞納を解消しようとしている徴収担当者の方が職責に忠実だという見方もできます。

報告書では、このような保険料の滞納を解消するための事業主の報酬月額の遡及訂正が、「少なくとも一部の社会保険事務所では、一般的手法として確立しており、いわば

『仕事の仕方』として定着していたものと考えられる」と述べています。そして報酬の実態に反するものであれば事業主についての遡及訂正も違法であり、許されない、という調査委員会内の多数意見の考え方を前提に、この「仕事として定着していた遡及訂正」を非難する論調になっています。それが、後で述べるように、実質的な被害を伴う「改ざん」の問題と混同されたことが、社保庁の組織や職員に対する一層強い非難を生じさせたことは否定できません。

しかし、この問題は、実質的な被害を伴わない単なる形式的な違法であること、決して「改ざん」と言われるような問題ではないことを、まず明確に認識する必要があります。このような事業主自身の報酬月額の遡及訂正は、個人事業主との比較、未加入事業者の取扱いとの比較という観点から言えば、形式面の違法の程度も極めて小さいと言うべきですし、社会保険事務所の徴収の現場の実態からすると、そのような事案について社保庁職員の側を批判・非難することが適切とは到底思えないのです。

なぜ空中楼閣のような「犯罪者集団伝説」がつくられたのか

保険料を給料から天引きされていたのに、まったく知らない間に標準報酬月額を遡及訂正された従業員がいるのであれば、「不適正な遡及訂正」の実質的な被害が生じていたと言えます。しかし、六・九万件の中に、このような事案がどれだけ含まれるのかがわからないだけでなく、多くの社保庁職員は、「従業員の標準報酬月額の遡及訂正には慎重に対応していた」と述べており、そのような従業員報酬月額の不正な引き下げに社保庁職員が関与したと認める根拠はありません。

一方、事業主自身の報酬月額の遡及訂正の方は、中小零細企業の経営実態を考えると、そもそも報酬の実態に反する「不適正な遡及訂正」、つまり不正行為と言えるかどうかすらはっきりしないだけでなく、仮に、実態と反しているものがあったとしても、それが実質的に非難すべき行為と言えるかどうかは極めて微妙です。

要するに、現時点では、この問題について社保庁職員を非難する根拠はほとんどないのです。

ところが、マスコミは事業主案件と従業員案件を区別せず、「標準報酬月額の遡及訂正」というやり方全体を「年金改ざん」などと言って丸ごと非難しており、日本の社会全体が、この問題を単純な「悪事」「犯罪行為」と決めつけ、社保庁の組織全体が「犯罪者集団」であるかのように扱っています。

このように、社保庁という一つの官庁に対して、「空中楼閣」のような、さしたる根拠もない「犯罪者集団伝説」が完成し、組織に対する信頼が崩壊してしまったのはなぜなのか、そこにはどのような背景があるのか、それを考えることは、組織やその構成員に対して歪んだ批判・非難が行われる現在の日本社会の構図に共通する要素を解明することにもつながるのではないかと思います。

社保庁信頼崩壊の経過

まず重要なのは、社保庁がここまで信頼を失墜するに至るまでの歴史的経過です。

二〇〇四年三月、政治家の国民年金未納問題が報道されたのをきっかけに、同年七月、約三〇〇〇名の社保庁職員が未納情報等の業務目的外閲覧を行っていた「年金記録のぞき見問題」が発覚しました。そして、同年九月には、カワグチ技研事件で幹部職員が収賄罪で逮捕され、通常国会における年金改正法案の審議やマスコミの報道等で強い批判を受けました。また〇六年五月、全国各地の社会保険事務所が、国民年金保険料の不正免除を行っていたことが発覚しました。

二〇〇七年五月には、年金記録をオンライン化した際のコンピュータ入力のミスや基礎年金番号に未統合のままの年金番号など五〇〇〇万件強の「宙に浮いた年金記録」の問題が表面化し、年金記録のずさんな管理が批判されました。そして、その確認作業が行われる中で、社保庁職員による年金保険料の横領事案が過去に五〇件あることが明らかになって国民の激しい怒りを買い、すでに被害弁償、懲戒処分済みのものも含めて二七件が刑事告発されました。

さらに二〇〇八年四月、東京と大阪の両社会保険事務局において、一九九七年度以降、確認されただけで計三〇人が組合活動に「ヤミ専従」をし、本来は支払う必要のない給与が約八億円支払われていたことが明らかになりました。

こうして、①他人の個人情報を勝手に盗み見する、②幹部が賄賂《わいろ》をもらって業者への発注に便宜を図る、③徴収しなければならない保険料を不正に免除する、④将来の国民の年金受給のために、大切に保管しなければならない年金記録をなくしてしまう、⑤他人の年金保険料を着服する、⑥組合活動への専従職員の給与は組合員が負担しなければならないのに国から給与をもらい続けるという、ありとあらゆる形態の不正行為・犯罪が明らかになったことで、社保庁という組織は、国民から「最低最悪の官庁」と決めつけられ、組織への信頼は地に堕ちました。

こうした不祥事の続発によって、国民は「社保庁の職員ならどんな悪事を働いていても不思議ではない」という認識を持つに至りました。そのような中で表面化したのが、「年金改ざん問題」だったのです。

これまで詳しく述べてきたように、この問題については社保庁職員が年金記録の「改ざん」を行ったと決めつける根拠はまったくありません。しかし、国民は、それまでの社保庁に対するイメージから、この問題を、「社保庁職員が組織の都合や個人的な動機から組織ぐるみで行った不正行為」と決めつけ、「改ざん問題」という呼び方も定着しました。その伏線となったのが国民年金不正免除問題、すなわち③の不祥事でした。

国民年金不正免除問題が伏線に

この問題は、収入が少ない人の申請により、保険料を免除・猶予する救済制度である国民年金保険料の免除・猶予の手続を、本人からの申請がないままに行っていたというものです。二〇〇四年の国民年金法の改正で、〇五年度以降、市町村から所得情報を入手し免除・猶予の該当者を把握できるようになったことから、社保庁職員が、免除・猶予の事由の該当者に働きかけて免除・猶予の申請を出させようとしていたのですが、戸別訪問しても不在だったり、文書を何度送っても反応がない、というような接触困難なケースが多かったので、本人からの申請を受けることなく免除・猶予の手続きを行ったという事案が、全国で発生していたことが明らかになったものです。

この免除制度が適用されると、全額免除の場合は、その期間、保険料の納付が免除され、老後の年金は三分の一になるものの、免除期間は年金を受け取るための納付期間に算入されます。また、障害年金、遺族年金については、当該事故が発生するまでの公的年金加入期間の三分の二以上納付しているか、もしくは、障害の原因となった傷病の初診日、または死亡日の属する月の前々月までの一年間、納付があることが受給の条件となっていますが、免除を受ければ、この期間も納付期間に算入されます。しかも、その年金額は老齢年金の場合のように三分の一ではなく、満額もらえるのです。

つまり、免除手続さえしておけば、老齢年金のみならず、障害年金、遺族年金も受け取れる、ということなのです。これは保険料が支払えない低所得者に対して、老後の最低限の年金を確保させようとする制度です。

せっかくこのような制度があるのに、それを知らないために免除申請をしていない該当者にとって利益になるわけですから、できるだけ免除制度を活用してこのような該当者を幅広く救済するのが改正法の趣旨だと言えます。そのように考えると、「不正免除」を社保庁職員の側の「悪事」と単純に切り捨ててよいとは必ずしも言えないように思います。

もちろん、申請によって免除するという法律に照らせば、申請を受けることなく免除するというのは「違法」ですし、不正行為です。またそれは、「納付率」の「分母」を減らすことで、自分、あるいはその事務所の「成績」につながる「納付率」を上昇させることになるわけですから、社保庁職員側にとってもメリットがあることだと言えます。しかし、形式的に「違法」であっても、実質的に見て、それが悪い行為、被害や損害を与える行為かというと、それは違います。実際、一定の範囲の免除事由該当者は、申請がなくても職権で免除することを認める方向での検討が行われているようです。

しかし、マスコミは、この不正免除問題で一方的に社保庁を叩きました。実質的に、免除事由該当者の利益を図る面があったことなどはすべて無視され、社保庁職員が、年金の納付率を向上させて成績を良くしたいという動機だけで不正を行ったように問題を単純化したのです。

「年金改ざん」が「組織ぐるみ」とされるまで

このように「国民年金不正免除」が、「納付率の向上」という社保庁側の事情による不正行為と単純にとらえられたことが、「社保庁職員は、自分達の都合のために何でもやりかねない人間」という印象を与え、「年金改ざん」という問題が表面化した際にも、「徴収率」の向上のために他人の年金記録を勝手に改ざんしたというように受け取られることにつながったのでしょう。

総務省第三者委員会の報告で、この問題が表面化したとき、従業員の標準報酬月額が本人の知らない間に遡って引き下げられた事実があることが明らかになり、それが「改ざん」と呼ばれたのですが、そのような行為に、社保庁職員の側がどのように関わっていたのかはまったくわかりませんでした。しかし多くの国民は、社保庁職員が組織ぐるみで徴収率向上のために不正行為を行ったのではないか、という疑いを持ちました。そこには「国民年金不正免除」の問題からの連想が働いていたのではないかと思います。

その疑いを決定的にしたのが、滋賀県の大津社会保険事務所の元徴収課長の「社会保険事務所では徴収率向上のために組織的に年金記録の『改ざん』が行われていた」という証言でした。社会保険事務所で組織的に行われていたとすれば、それは報告書でも述べているように、事業主の標準報酬月額の遡及訂正だったはずです。ところが、この元徴収課長は、意図的かどうかはわかりませんが、事業主と従業員を区別しないで、「改ざん」が社会保険事務所の現場で組織的に行われていたように証言したのです。これによって、それまでは「疑い」であった「社保庁の組織ぐるみの改ざん」が、ほとんど確定的な事実のように扱われるようになりました。社保庁自身が、「不適正処理の可能性がある」として、三つの要件から抽出した六・九万件も、丸ごと「改ざん」のように受け取られました。

そして、さらにそのような見方を決定的にしたのが、舛添《ますぞえ》要一厚生労働大臣が、この六・九万件について、国会で「組織的関与があったであろうと思う。限りなくクロに近いだろう」と答弁し、これが「厚生労働大臣が社保庁の改ざんへの組織的関与を認めた」と報道されたことです。そして、舛添大臣が「社保庁職員の関与者は刑事告発する。そのために弁護士中心の調査委員会を設置して事実関係を調査させる」と息巻いて立ち上げたのが、私も委員として加わった「標準報酬遡及訂正等に関する調査委員会」だったのです。

そういう意味で、この調査委員会には、最初から、「社保庁職員の『改ざん』への組織的関与は当然ある」「関与者を見つけ出して厳正に処罰・処分する」という強いバイアスがかかっていたのです。

調査委員会の調査からは、前に述べたとおり、「改ざん」と呼ぶべき従業員の標準報酬月額の遡及訂正に社保庁職員が関与している具体的な事例はまったく明らかになりませんでした。明らかになったのは、「不適正」と言えるかどうかも微妙で、実質的な被害はほとんどない事業主の報酬月額の遡及訂正が組織的に行われていた事実だけでした。しかしそれも許されるべきではないとする理屈として持ち出されたのが、先にも触れた「社会連帯・相互扶助の思想に基づく厚生年金保険制度の下では、何人といえども、将来の年金給付の減額を見返りとして、本来支払うべき厚生年金保険料を免除してもらうことは許されない」という抽象論でした。そして、その理屈を前提に、事業主の標準報酬月額の遡及訂正が一部の社会保険事務所の仕事として定着していたことを批判したのですが、マスコミは、これを「『年金改ざん』が『仕事の仕方』として定着していた。調査報告書は組織ぐるみの『改ざん』を認定した」と報道したのです。

委員会の一員であった私にとって、弁解じみた言い方になりますが、調査委員会設置の際の社保庁批判のバイアスの強さからすると、報告書には批判的論調を示すことが不可欠という考え方になってしまうのも、やむを得ない面があります。それだけに客観的な調査結果を報告書中に示すことに、私としてはこだわったつもりです。よく読めば、報告書における社保庁や厚労省に対する批判は、事業主の遡及訂正の中に「不適正」なもの、すなわち報酬の実態に反するものが含まれていることに対するもので、結局のところ、多くの国民が思っている「改ざん」、すなわち従業員案件についての批判ではないことがわかるはずです。

「法令遵守」とトップの無責任な発言が社保庁を〝犯罪者集団〟にした

どうして、社保庁に対する信頼が崩壊し、組織全体が〝犯罪者集団〟のように見られることになってしまったのか。ポイントは二つあると思います。

一つは、社保庁の一連の不祥事に対する対策が、単純な「法令遵守」に偏《かたよ》り過ぎていたことです。社保庁の幹部が収賄で逮捕されたカワグチ技研事件に関連して、厚生労働省は省内に信頼回復対策推進チームを立ち上げましたが、ここでの再発防止の柱は、法令遵守委員会の設置と内部通報制度の整備という単純な「法令遵守」を内容とする措置でした。それらの対策が、それ以降の社保庁の不祥事の多発に対してまったく効果がなかったことは明らかです。

また、国民年金不正免除問題に関して、社保庁は、三次にわたって調査委員会を立ち上げ、事実関係の解明と原因の究明を行いました。しかし、そこで書かれている原因分析は、法令遵守の観点から社保庁の組織や職員を批判しているだけで、多くの職員の不正行為の動機が「国民年金保険料の免除制度の恩恵を少しでも多くの人に受けさせたいという気持であったこと、それがこの問題の本質であること」は一切書かれていません。

さまざまな不祥事で糾弾されるたびに、社保庁は一方的に謝罪し、法令遵守の徹底を呼び掛けてきました。その結果、組織全体がどんどん追い込まれ、結局、組織自体が解体され、懲戒処分を受けた多くの職員は、再雇用されない見通しになるという事態に至りました。

もう一つの問題はトップの姿勢です。社保庁の組織や職員にとって決定的な打撃になったのが、舛添厚生労働大臣の発言と態度です。大津社会保険事務所の元徴収課長が民主党の部門会議で「社会保険事務所による組織的な改ざん」について証言し、マスコミで報道された後は、大臣自身が社保庁の組織と職員を批判する発言を続けました。野党が制度の運用を批判するのはやむを得ない面もありますが、舛添大臣は社保庁を含む厚労省の組織のトップでありながら、自分の部下である社保庁職員をこき下ろし、事実を確認する前から組織や部下の職員の刑事責任にまで言及したのです。

「改ざん」とはどういう意味で使われているのか、標準報酬月額の遡及訂正とどういう関係なのか、従業員の分の遡及訂正と事業主の分のみの訂正とはどう違うのかなど、この問題を考えるに当たっての基本的な事項について十分に理解していたとは思えません。

大臣の発言は極めて大きな意味を持ちます。厚労省のトップが、社保庁職員が組織ぐるみで不正を行ったと決めつけているわけですから、それを叩く側のマスコミも何の躊躇もいりません。せめて、「調査委員会を立ち上げるので、その調査結果を踏まえて適正に対応したい」と冷静な発言を行い、調査委員会の調査が終わった時点で、各委員から十分に話を聞いた上で、問題の本質を国民にわかりやすく説明する努力をしていたら、社保庁職員に対する批判がここまでエスカレートすることはなかったでしょう。

まったく逆の面で極端な事例として、一九九〇年代の金融不況の最中に倒産した山一證券の社長が「われわれが悪いんです。社員は悪くないんです」と涙ながらに絶叫した場面が思い出されます。いささか極端な事例で社長の言動として評価が分かれるところですが、いずれにしても所属する組織のトップに、最初から〝犯罪者扱い〟された社保庁職員は哀れです。

「改ざん」問題についてのマスコミや世間の社保庁やその職員に対する批判はとどまるところを知らない状況です。私は、社保庁という組織がこれまで起こしてきた不祥事、トラブル全体を擁護するつもりはありませんし、組織の体質自体にも重大な問題があることは否定できないと思います。しかし、それにしても、「年金改ざん」問題に対する世の中の認識は誤っており、批判・非難の行われ方は明らかに異常です。

このような「年金改ざん」問題についての社保庁バッシングは、これまで多くの不祥事で信頼を失墜してきた社保庁やその職員の「自業自得」だという見方もあります。当事者の問題としては、それでもよいかも知れません。

しかし、この問題は、それだけではおさまりません。このままの論調で「年金改ざん」問題で社保庁や職員へのバッシングを続けていけば、厚生年金という制度とその運用に重大な支障を生じさせ、国民全体に大きな不利益をもたらす可能性があるのです。

厚生年金制度の難しさ

標準報酬月額の遡及訂正が「年金改ざん」などと言われて、丸ごと不正のように扱われると、社保庁側では、とにかく遡及訂正だけはやらないようにしようということになりかねません。それは、耐震強度偽装という違法行為、不正行為ばかりに関心が集中し、問題の背景・構造に全く目を向けなかったことで、その後の深刻な不動産・建築不況の原因にもなった第2章の改正建築基準法の問題と同様の事態を招きかねません。

「遡及訂正」という方法だけは使わないということになると、保険料の滞納が放置され、長期間にわたる滞納が放置されて徴収率が下がり、将来、真面目に保険料を支払っている厚生年金加入者の負担で、滞納した事業主が高額の年金を受給できることになってしまいます。それを防止しようと思えば、報告書にも書いているように「毅然《きぜん》と差押えを行う」しかありませんが、それによって滞納保険料を徴収することが容易ではないことは、前に述べたとおりです。

滞納処分というのは、当然滞納した保険料を徴収するために行うものですが、結果的に保険料滞納処分が中小企業の倒産を促進することになりかねません。そう考えると、標準報酬月額の遡及訂正という方法自体は、中小零細企業への厚生年金制度の適用に関する非公式で柔軟な現場対応として、一定の機能を果たしていたと見るべきです。

では、遡及訂正の恒常化の背景となった「保険料を滞納していても年金がもらえる仕組み」という制度の枠組みそのものを改めればよいのかというと、必ずしもそうとは言えません。

こうした仕組みになったのには理由があります。厚生年金は、基本的には、多数の従業員を雇用する事業所において事業者が従業員の給与から保険料を天引きし、自らの負担分と合わせて保険料を支払うことを前提にしている労働者のための年金制度です。事業者が保険料を支払わなかった場合や倒産などで支払不能となった場合に年金が減額されることになると、保険料を天引きされていた従業員が不利益を受けてしまいます。それを防ぐため、厚生年金に加入している限り、実際の支払の有無にかかわらず標準報酬月額に応じた年金の受給権を与えようというのがこの制度の特徴なのです。

そのような労働者のための厚生年金が、中小零細事業者の実質的な事業主である法人の代表者にまで適用されることは問題ですが、代表取締役は、会社に雇われている立場と言えるわけですから、そういう「雇われ社長」と事業主とを線引きすることは容易ではありません。

そう考えると、実態が個人事業者と変わらないような小規模な「法人事業者」をなくしていくこと、人的組織の面でも財産的にも法人としての十分な実体がある場合に限って法人としての会社の設立と存続を認める方向をめざすこと以外には、根本的な解決はあり得ないように思えます。しかし、実際には日本の会社法制はまったく逆の方向に向かっています。二〇〇六年に商法から独立して定められた会社法では、株式会社の最低資本金の定めがなくなり、会社設立手続も大幅に簡素化されました。誰でも自由に簡単に株式会社が設立できるというのが現在の会社法なのです。

極端な事例を考えた場合、一円の資本金で株式会社を設立し、定款で代表取締役の報酬額を定めておいて厚生年金に加入し高額の標準報酬月額を設定してしまえば、その後、保険料を何年間滞納し続けていようが、その報酬月額に見合う将来の年金受給権を得ることができることになります。会社の実体がなければ会社財産の差押えによって滞納保険料を徴収することもできません。その場合の年金の財源も、真面目に保険料を支払っている厚生年金加入者の負担になってしまうのです。

小規模会社に関する会社法制のあり方は、社会保険制度と運用の問題と密接に関連する問題ですから、両者の整合性を考えながら制度改正を行わなければならないのに、日本では会社法の問題と社会保険制度の問題をまったくバラバラに考えてきました。それが、このような制度の矛盾を生じさせてしまっているのです。

社保庁の責任追及をしても問題は解決しない

唯一の救いは、厚生年金と国民年金との関係について、基礎年金という制度がとられていることです。以前は、厚生年金は国民年金とは別個の独立した年金制度であり、厚生年金加入者の標準報酬月額が極端に低く設定されると、国民年金の受給額を下回ることもあり得ました。しかし、一九八六年の基礎年金制度の導入によって、すべての国民について国民年金がベースとされ、厚生年金はその上乗せの年金という制度になりました。この制度設計によって、厚生年金への加入・脱退や標準報酬月額の設定をめぐって現場が混乱した場合でも、中小零細企業の従業員等に最低限国民年金の給付は保障されることになりました。一九五八年の法改正ですべての法人事業者に厚生年金への加入が義務づけられることになった段階で、現在のような厚生年金をめぐる現場の混乱が生じることを想定した当時の厚労省がとった施策として評価すべきものでしょう。

当時の年金課長として、この基礎年金制度の導入に尽力したのが、二〇〇八年一一月に「元厚生事務次官宅連続襲撃事件」で殺害された山口剛彦氏でした。基礎年金制度の導入がなかったら、標準報酬月額の遡及訂正による混乱や中小企業従業員の不利益はもっと大きなものになっていたでしょう。その山口氏が、いまの厚生年金制度の混乱の中で命を落とされたのは、誠に残念であり悲しいことです。

社保庁の徴収の現場における運用の状況を十分にモニタリングし、制度の改善に努めてこなかった点で、厚労省幹部に反省すべき点があることは私も否定しません。しかし、山口元厚生次官のように、中小企業への厚生年金の適用拡大に際して適切な制度設計を行って将来の混乱を最小限にとどめる対策をとってくれた厚労省幹部がいたことを決して忘れてはならないと思います。そういう意味で、この問題に関しては、厚労省幹部への一方的な批判を行うことは適切とは思えません。

年金制度の枠組みや徴収の現場における問題と切り離して、不適正な遡及訂正という行為だけに焦点を合わせ、その発生に関して厚労省及び社保庁の責任を追及することでは決して問題は解決しません。この問題の背景には、法律の建て前どおりにはいかない日本の中小企業の実態があります。しかし、そうした中小企業が、これまで戦後の日本の経済社会の一翼を担ってきたことも間違いないのです。

日本の産業構造の二重性の下で、厚生年金制度を、どのようにして中小零細企業の経営の実態に適合させていくのかを抜本的に検討し直す必要があります。そこでは、基礎年金制度という国民年金による最低限の保障をベースにしながら、今回表面化した標準報酬月額の遡及訂正という「現場の知恵」を、何らかの形で表に出して公式の制度の中に取り込んでいくしか方法はないのではないかと思います。

第6章　思考停止するマスメディア

歪むマスメディア報道

前章までで述べた様々な問題について、「印籠」によって人々を思考停止に陥らせる構図に重要な役割を果たしているのがマスメディア（これまで「マスコミ」という表現を用いてきましたが、それをめぐる問題を正面から取り上げる本章では「マスメディア」と呼ぶことにします）です。マスメディア報道で「法令違反」「偽装」「隠蔽《いんぺい》」「改ざん」などの事実が指摘されると、当事者は一切の反論ができず、まさにその場にひれ伏すような状態になってしまいます。

耐震強度偽装問題で、世の中の関心が「偽装」という不正行為だけに集中したことにも、偽装に関わった者すべてがあらゆる法令で処罰されたことにも、マスメディア報道が大きく影響しています。一連の食品偽装問題で、不二家から伊藤ハムに至るまで多数の食品企業を叩き続けてきたのもマスメディアです。経済司法の貧困という問題が国民にはほとんど認識されていないのも、マスメディアが検察などの司法機関に対して批判的な報道をほとんどしないからですし、裁判員制度の抱える重大な問題も、ほとんど報道せず、裁判員制度開始に向けてのキャンペーンに協力しています。そして、厚生年金記録の「改ざん」をめぐって、社保庁の組織が丸ごと犯罪者集団のように報道してきたのもマスメディアです。

本来、真実をありのままに報道し、社会で起きていることについて、国民に正しい認識を持ってもらうことを使命にしているはずのマスメディアが、かえって世の中に誤解を生じさせているのはなぜなのか、マスメディアは、なぜ社会全体の「思考停止」状態の要因になってしまったのでしょうか。

マスメディアの歪《ゆが》みには様々な複雑な要因があります。これまで日本のマスメディアの歪みの大きな要因として指摘されてきたのが、記者クラブ制度による行政や政治とマスメディアとの癒着の問題ですが、今のマスメディアの問題が、すべてこの記者クラブ制度の問題で説明できるかと言うと、そうは言えないように思います。

例えば、第5章で述べたように、バッシングは社保庁だけではなく、厚労省に対しても行われ、他にも様々な問題が取り上げられました。あらゆる官庁の天下りや税金の無駄遣い問題が厳しい批判の対象となっています。このような現状においては、かつてのように記者クラブ制度の下で、マスメディアは官からの情報を垂れ流しにし、官に対する批判は控えるなどとは言えなくなっています。しかし、官とマスメディアとの癒着構図がかなりの程度崩れたからと言って、問題が解消されたかと言えば、決してそうではないのです。

それとは別の要因がマスメディア報道の歪みを生じさせているのです。

私は、マスメディアが自らの報道に対し、虚偽性を認めることで不利益が生じるシステム、自主的に報道内容を検証して積極的に誤りを認めることが評価されないシステムに、大きな原因があると考えています。

それを助長するのが、マスメディアにとって「捏造《ねつぞう》」という言葉に特別の意味があるという現実です。取材の方法や報道の内容に関してどのような批判を受けることよりも、「捏造」を行ったと認めることのほうが、はるかに大きなダメージを生じさせます。マスメディアにとって「捏造」は、強烈な「印篭」として作用するのです。

それがとりわけ顕著に表れるのが、最近では、新聞以上に世間の風潮をつくるのに大きな影響を及ぼしているテレビメディアです。その端的な例が、二〇〇七年一月、ほぼ同時期に行われたフジテレビ系列の関西テレビの生活情報番組「発掘！　あるある大事典II」（以下、「あるある」）での捏造問題とTBS系のニュース情報番組「みのもんたの朝ズバッ！」（以下、「朝ズバッ」）の捏造疑惑との比較です。

捏造を認めたことでテレビ局が大きなダメージを被ったのが、「あるある」の問題でした。二〇〇七年一月七日放映の番組で、納豆を食べるだけで痩《や》せるとする放送が行われた直後、全国各地で納豆が売り切れる異常事態になりました。

その後、ある週刊誌が「あるある」の捏造問題を指摘したことで事態は一変しました。

番組を制作した関西テレビは、事実に反すると指摘を受けて、内部調査によって虚偽のデータを使ったことが確認できたことを素直に認めました。そして、外部有識者による調査委員会をつくって過去の「あるある」の放映内容全体にわたって自主的な再チェックを行い、新たな捏造放送も多数あぶり出されました。それによって番組が打ち切りになっただけでなく、同社は日本民間放送連盟から除名処分（二〇〇八年一〇月に会員に復帰）を受けることになりました。

しかし、この関西テレビの「あるある」の例は、むしろ特異な事例と言えます。多くの場合、「報道の自由」「取材源の秘匿」などに守られ、「捏造」という事実が明らかになることはほとんどないのです。それを示す端的な例が、「あるある」の捏造問題の表面化の直後に放映されたＴＢＳ「朝ズバッ」の不二家関連報道に関する捏造疑惑の問題です。

第１章でも取り上げた不二家問題に関するバッシング報道の中でも、特に程度がひどかったのがこの「朝ズバッ」の報道でした。連日のバッシング報道には、真実に反するもの、事実を歪曲したものが多数ありましたが、その中で、不二家の側にとって特に許し難かったのが、「新証言　不二家の〝チョコ再利用〟疑惑」と題する一月二二日の放送でした。

この放送をめぐって発生した問題に対するＴＢＳの対応は、不誠実きわまりないものでした。報道内容の真実性に対する指摘に対して、「取材源の秘匿」を振りかざして取材経過に関する事実を覆い隠し、公共の電波で「無償広告」を行って報道被害を受けた側を懐柔するという手段まで使って、「捏造疑惑」から逃げ切ろうとしたのです。こういうやり方がゆるされてしまうことが、マスメディアの報道内容の真実性に向き合う姿勢を、妨げていると見ることもできるのです。

疑問だらけの「朝ズバッ」の顔なし証言

この放送は、以下のような内容でした。まず、「情報提供者は、不二家平塚工場の元従業員。彼女によれば、賞味期限が切れたチョコレートの包装をし直したり、溶かし直して再利用していた、というのです」というアナウンサーのナレーションに続いて、不二家・平塚工場の元従業員と称する女性が首から下だけの映像で画面に登場して、チョコレートの包装をし直したり、溶かし直したりしていたと証言します。

そして司会のみのもんた氏が、溶かしたチョコレートに牛乳を流し込むイラストのフリップを示しながら、「賞味期限の切れたチョコレートと牛乳を混ぜ合わせて新しい製品として再出荷しちゃう」などと説明し、さらに翌日の番組内では不二家の新社長就任を伝える場面で「古くなったチョコを集めてきて、それを溶かして新しい製品に作り直すような会社はもうはっきり言って廃業してもらいたい」などと発言しました。

しかし、この放送内容には次のような明らかな誤りと不合理な点がありました。

まず、チョコレートを牛乳と混ぜ合わせてもうまく固まりません。そのような工程はチョコレート工場には存在しないのです。また、平塚工場で製造する不二家のチョコレートは「LOOKチョコレート」を始め、フルーツペーストやナッツを含んでいる商品ばかりで、単純に溶かして成形し直しただけでは製品になりません。しかも、小売店からチョコレートを回収して再利用することは、運送や包装を取り外して再包装するコストを考えたら経済的に割が合いません。

この放送に対して、不二家は放送当日にTBSに電話で抗議を行い、翌日には文書で調査と放送内容の訂正を申し入れていました。

このような放送内容の誤りと不合理性の指摘を受けたTBS側は、「証言の信憑性《しんぴょうせい》を確認するため」などと称して、「牛乳と混ぜ合わせるのでなければ何を混ぜるのか」「製造年月日表示、賞味期限表示が開始された時期は？」などと不二家側に質問を行いました。

これは、真実に反する放送によって権利を侵害された者から請求を受けたときに、放送法四条の規定によって行われる放送事業者の「調査」だと形式的には言えるでしょう。

しかし、ここで重要なことは、明らかに不合理な証言をしている「証言者」が本当に実在するのか、証言自体が捏造されているのではないかという疑いがあるということです。TBS側が「調査」と称して不二家側から「正解」を引き出してしまえば、それによって「証言」の不合理性が取り繕われてしまう可能性もあります。ということで、不二家側はTBSの質問のすべてには答えず、両者の間は膠着《こうちゃく》状態になっていました。

TBSの捏造疑惑

不二家では、二〇〇七年一月末に、弁護士、有識者による「信頼回復対策会議」が設置され、私が議長に就任しました。当初は、一連の不二家の問題について事実関係と原因を調査し、是正措置を提言するために設置されたものでしたが、問題の性格がわかるにしたがって、不二家がこの問題で、なぜマスコミからこれほどまでの大バッシングを受け、存亡の危機に立たされることになってしまったのか、その原因を究明し、信頼の回復のための対策を講じることに重点が移っていきました。

信頼回復対策会議では、不二家に対するバッシング報道の中で、真実性に問題があるものの典型として、この一月二二日の「朝ズバッ」の「チョコレート再利用疑惑放送」の問題に注目しました。そして、この問題について調査する過程で、重大な捏造疑惑を発見したのです。

放映された「顔なし証言」では、「全部が賞味期限だからゴミ箱のほうに入れていたら、怒られて」「パッケージの、一つひとつにラベルがあって、そこに製造日と賞味期限が書いてあるってことなので」「それをもう一度パッケージをし直すために裸にして欲しいんだって言われて」という言葉がありました。

一方、不二家社内のその「朝ズバッ」問題の関連資料の中に、放送の二日前の一月二〇日、TBSのディレクターが事実確認の電話をかけてきた際に対応した不二家女子社員が残した「電話対応メモ」がありました。

そのメモには、「平塚工場で働いていたという女性からの情報提供の事実確認」として、「①賞味期限切れで返却されてきたチョコレートを再び溶かして使用していた」「②カントリーマアムについて、賞味期限が切れていたので捨てようとしたら上司に怒られ、それを再度新しいパッケージに入れて製品としていた」と書き込まれています。このカントリーマアムというのは、チョコレート・チップが入った不二家の主力製品のクッキーです。

そして、「答えた内容」の欄には、「①工場で発生した成形不良品を溶かし直すことはあるが、返品は使っていない」「②カントリーマアムは平塚工場では未製造」と記載されていました。

克明なメモで、しかも、機械的に電話の内容と対応を書きとめたものですから、極めて信憑性の高い証拠です。TBSのディレクターからの電話での質問内容と不二家の女子社員の回答内容は、ほぼこのメモの通りであったと考えられます。

この事実確認の②の文言と放映された証言とを比較すると、「捨てようとしていたら上司に怒られ」という部分が酷似しています。TBS側には、この文言の通りのカントリーマアムについての証言ビデオが存在するはずです。ところが、放送では、同じ文言の証言が、クッキーではなくチョコレートの再利用に関する証言として使われているのです。

平塚工場ではカントリーマアムを製造していないので、そもそも「平塚工場で賞味期限切れのカントリーマアムを再利用した」ということはあり得ません。ですから平塚工場でカントリーマアムを再利用する作業をしていたという証言はまったく信用できず、証言自体が無価値なのです。そのような無価値の証言を、平塚工場で製造しているチョコレートの再利用に関する証言ビデオにすり替えたとすると、悪質な証言の捏造です。

そのような捏造証言ビデオを使って、不二家平塚工場の「チョコレート再利用疑惑」を放送で指摘し、出演者が寄ってたかって断罪し、みのもんた氏が、それを理由に「廃業しろ」とまで言った罪は極めて重いということになります。

三月二五日に行われた不二家とTBSの直接会談には私も同席し、TBS側が「カントリーマアムの再利用」について不二家側に事実確認してきたことについて質問しました。

TBS側は、証言者が「チョコレートの工場なのに、なんでクッキーが戻ってくるのだろうかと思いながら、カントリーマアムを包装し直す作業を行っていた」と話しており、それを録画したビデオも存在するが、その証言をあえて放送せず、チョコレートについての証言のみ放映したと答えました。

カントリーマアムについての証言ビデオが存在していて、その証言内容が、電話でディレクターが事実確認してきたとおりだとすると、実際に放映されたチョコレートに関する証言と、文言がまったく同じだということになります。まったく同じ文言の証言が、チョコレートとカントリーマアムの両方について存在しているということは考えられません。この会談でのTBS側の答えで、ビデオのすり替えによる捏造の疑いが一層強まったのです。

その後、この「朝ズバッ」の捏造疑惑は週刊誌で報道されました。その週刊誌報道を受けて開かれた記者会見で、TBS側は、「証言者は平塚工場ではクッキーを製造していないことを承知しており、『チョコレート工場になぜクッキーが戻ってくるのか』との疑問を抱いたという趣旨の証言をしている」と記載したペーパーを配布しました。

また「カントリーマアムとチョコを混同・流用しているのではないのか」と質問されたのに対しては、「放送二日前に、証言者の証言を得て、カントリーマアムの話とチョコレートの話それぞれについて、事実確認の質問をしている。放映した『賞味期限が切れていたのでゴミ箱に捨てたら上司に怒られ、再度パッケージに入れて製品にしていた』という証言は、チョコレートに関する証言だった」と答えたのです。

要するに、この段階で、TBS側は、放映した証言はチョコレートに関するもので、それは、カントリーマアムというクッキーに関する証言とは別のものだということを主張したわけですが、カントリーマアムについての証言とチョコレートに関する証言が、まったく同じ内容で同じ文言ということがあり得ないのは、誰が考えても明らかでした。

報道の倫理

二〇〇七年三月三〇日、私は不二家信頼回復対策会議の議長として、二ヵ月間の調査結果を総括し、今回の不祥事を招いた不二家内部の問題を厳しく指摘しました。その一方で、TBSの捏造報道疑惑についても言及し、それに関してTBSとの直接会談の際の録音内容を一部公開しました。

録音公開にはTBS側からのクレームも当然予想されました。しかし録音自体は了承を得ていましたし、極めて公共性、社会的重要性が高い問題であるのみならず、TBS側が会議での発言内容をその後の記者会見で覆《くつがえ》していることなどから、公開する社会的必要性があると考えたのです。

これに対しＴＢＳ広報室は捏造の事実を否定するとともに、「録音の無断発表は道義、モラルにもとる」とするコメントを発表しました。

私の信頼回復対策会議議長としての活動は三月末で終了しました。私はそれ以降は不二家とは無関係に、コンプライアンスの専門家としてＴＢＳの問題の追及を続けることにしました。

まず四月初めに、ＴＢＳ社長宛に公開質問状を提出し、会議録音公開に踏み切った理由を示したうえで、それでもなお「道義、モラルにもとる」と考えるならその理由を明示するように求めました。しかし、ＴＢＳ側からはそれに対してまったく回答はありませんでした。

その後、「朝ズバッ」では四月一八日に、「謝罪放送」まがいの放送が行われました。問題となった一月二二日の報道について、「出荷されたチョコレートが小売店から工場に戻る」という証言は証言者が他人から聞いたことで確証がなかったなど、「誤解を招きかねない表現があった」としたうえで、「やらせ捏造」は否定し、さらに司会者が不二家の主力商品のミルキーを頬張りながら、「スタジオのお菓子は全部不二家にしますから」と前日に販売を全面再開した不二家製品の宣伝をしたのです。

結局、期限切れチョコレートの返品を再利用した事実の有無、証言テープの捏造の事実の有無など肝心なことは何一つ明らかにされませんでした。しかしこの放送を受けて、不二家側は、「TBSの謝罪を受け入れる」として、あっさり矛を収めてしまったのです。

TBSのやり方は、公共の電波を使って、損害賠償請求をする可能性のある相手方に「無償広告」を行うことで賠償の代替措置をとろうというものであり、まさに「電波の私物化」以外の何ものでもありません。

おそらくは当事者間で解決してしまえば、部外者の私が何を言おうと関係ないと考えたのでしょう。しかしその後の展開は、TBSの思惑通りにはなりませんでした。

五月一二日、民放とNHKで構成する第三者機関「放送倫理・番組向上機構（BPO）」が「放送倫理検証委員会」を新設しました。この委員会は、やはり二〇〇七年一月に発覚した関西テレビの「あるある」の捏造問題をきっかけに、総務省が新たな行政処分を盛り込んだ放送法改正を国会に提出したのを受けて、放送業界の自浄能力を高め放送に対する公的介入への防波堤とするためにつくられたものです。

私は、「外部から不二家を変える改革委員会」の委員長を務めた田中一昭氏とともに、BPO検証委員会に「朝ズバッ」の捏造疑惑について審理を要請する文書を提出しました。その結果、六月八日に審理入りが決定されたのです。

また六月二〇日には、衆議院・決算行政監視委員会で放送のあり方が議題となり、私と広瀬道貞・民放連会長が参考人として呼ばれました。そこで広瀬会長は民主党議員からの質問に答え、放送倫理検証委員会は、捏造を疑われる報道があった場合に取材テープなどを提出させる権限を持っていると答弁したのです。

民放連会長が明言した以上、放送倫理検証委員会もTBSに取材テープを提出させないわけにいきません。TBS側は追い詰められました。カントリーマアムについての証言ビデオをチョコレートに関する証言のようにすり替えて使ったということが、放送二日前の不二家側への事実確認によって、証言内容に決定的な嘘があることがわかって、「チョコレート再利用疑惑」の放送自体を取りやめなければならないのに、予定どおり放送を強行するため、証言のすり替えという捏造を行ったということです。ところがTBS側はここで、「担当者がカントリーマアムをチョコレートの一種だと勘違いした」という、苦し紛れの弁解を始めたのです。

それが単なる言い逃れに過ぎないことは、私がBPOに提出していた不二家・TBSの直接会談の録音を聞けば明らかでした。前述したようにこの会談でTBS側は、証言者が「チョコレートの工場なのに、なんでクッキーが戻ってくるのだろうか」と言っていたと説明していたのです。TBS側の担当者がカントリーマアムをチョコレートと混同することはあり得ません。

ところが、八月六日に出されたBPO検証委員会の「見解」は、何とその幼稚園児レベルの言い訳を丸呑みし、「朝ズバッ」の平塚工場でのチョコレート再利用疑惑報道で取り上げた証言が、チョコレートではなく、平塚工場ではつくっていないクッキーのカントリーマアムに関する証言だったことを認めながら、担当ディレクターがカントリーマアムとチョコレートを混同した単なる「過失」であって、意図的なものではないという認定をしたのです。取材の方法や放送の内容に問題はあったが、捏造ではなく、「朝ズバッ」で不二家のチョコレート再利用疑惑を取り上げたこと自体には問題はなかったかのような「見解」でした。

この「見解」を受けて、TBSは謝罪放送を行い、みのもんた氏自身も、一応謝罪の言葉を述べました。しかし、それは、不二家のチョコレート再利用疑惑の報道自体が誤っていたことを認めるものではありませんでした。

また、TBSは、自社の検証委員会を立ち上げ、一一月一九日にその報告書が公表されました。そこではカントリーマアムの証言ビデオのすり替えの問題について、放送倫理検証委員会の認定に沿って、ディレクターの「誤解・過失」ということで片付けました。TBS側は、自社の検証委員会には外部の弁護士が加わっていることを強調していましたが、その弁護士というのは、ＴＢＳが報道被害の被害者から起こされた訴訟でＴＢＳの代理人を務めている弁護士でした。これでは公正中立な判断などできるわけがありません。

これに対して私は、一一月二八日にＴＢＳの社長宛に、二通目の公開質問状を送付しました。

質問の趣旨は単純です。「元従業員」が「チョコレート工場なのになんでクッキーが戻ってくるのか」と証言していた事実があるのか否か、です。

もしその事実があるとすれば、それを聞いた担当者がカントリーマアムをチョコレートと誤解することはあり得ず、捏造を否定する根拠が崩れます。一方、その事実がないとすれば、コンプライアンス室長やプロデューサーは、不二家とＴＢＳとの会談の際も、その後の記者会見の際も、「真っ赤な嘘」をついていたことになります。いずれにしても、ＴＢＳのコンプライアンスの重大な欠陥を示す問題でした。

これに対し、一二月四日に最終的に示されたＴＢＳ側の正式な回答が、以下に紹介するものです。

「私ども東京放送は、外部委員を交えたＴＢＳ検証委員会から報告書の提出を受け、当社のホームページ上に掲載しており、その内容に関する個別、具体的な質問については答えを差し控えさせて頂きます」

要するに、捏造問題で追及されたものの、社外委員も含めた検証委員会を立ち上げて報告書を作成してもらい、それを自社のホームページにアップしたので、後は何も答える必要がないと言っているのです。

報道機関として企業不祥事を追及する立場の会社の対応とはとても思えません。自らが追及を受けたときの対応がこれでは、TBSは不祥事を追及する資格がないということを自ら認めているようなものです。

捏造疑惑の追及から逃げ切るためには、報道機関としての資格を自ら否定するような対応をすることも厭《いと》わないというのが、この問題に対するTBSの姿勢です。テレビ局にとって「捏造」という言葉はそれほど大きなものなのです。

解明しないほうが得をする

不二家はTBSの「朝ズバッ」の一連のバッシング報道によって、企業の存亡の危機に立たされるほどのダメージを受けました。

このような重大な権利侵害が行われていたにもかかわらず、訂正ないし取消報道によって不二家の名誉の回復がはかられることはありませんでした。TBSに対しては、総務省が、四月一八日に、TBSが「朝ズバッ」での不二家関連報道について「謝罪的放送」を行って問題を一部認めた段階で、紙切れ一枚による「指導」をしただけです。同社はそれ以外のペナルティを一切受けていません。それは、その場その場で言い訳を重ね、その嘘が発覚しても、さらに苦しい言い逃れを続けて、捏造をとことん否定し続けてきたことの〝成果〟と見ることができます。

一方、関西テレビは、「捏造」の疑いをかけられたことを受けて、自主的に社内調査を行い、その結果をきちんと明らかにしました。その結果、関西テレビは、総務省から放送法違反が認められたとして、行政指導としては最も重い「警告」を受けることになりました。

BPO検証委員会のような身内の傷を舐《な》め合うような機関ではなく、不正のチェック機能を持った中立的な第三者による調査委員会のようなものを設置して徹底して調査し、事実をきちんと公開していれば、TBS側の「カントリーマアムをチョコレートと誤解していた」というような見え透いた弁解が通ることはあり得ず、捏造の事実が明らかになっていたはずです。

その結果、もしTBSが、「あるある」について関西テレビが行ったように、「朝ズバッ」での不二家関連報道全体について自主的な検証を行わざるを得なくなっていたら、一月二二日の放送以外にも捏造や真実性に問題がある報道が明らかになった可能性があります。

そもそも「あるある」の虚偽の報道で、実際の被害を受けた人はどれくらいいるのでしょうか？　もちろん報道を真に受けてせっせと納豆を食べた人は不快な気持ちになったでしょう。ただ納豆そのものが健康に悪いわけではないですし、実際の社会的被害はそれほど大きくないはずです。

一方「朝ズバッ」の不二家報道では、一企業が存続の危機にまで追い込まれています。不二家本体も山崎パンという別の食品会社の子会社になるという事態に追い込まれましたが、それ以上に打撃が大きかったのはフランチャイズ店です。一連の問題による操業・販売の停止によって約二〇％もの店が閉店に追い込まれ、経営者も従業員も職を失い、多くの店が今なお経営不振に苦しんでいます。そのすべてが「朝ズバッ」報道のせいとまでは言えないとしても、一日平均一五分にもわたって連日行われたバッシング報道による食品企業としてのイメージ悪化が大きな影響を及ぼしたことは間違いありません。報道による被害という意味では、関西テレビの「あるある」より、TBS「朝ズバッ」のほうがはるかに大きいのではないでしょうか。

放送の真実性に関する放送法の枠組み

公共の電波を使用して放送を行うことで社会に重大な影響を与える放送事業は、公益性の高い事業の典型です。営利事業として行われていることから、視聴率を高めて広告収入を増やすという形で利潤を追求することも必要になりますが、一方で、真実性や客観性、あるいは公平性のある内容を、プライバシーの侵害をしない、公序良俗に反しない範囲で放送することが求められています。これらの要請は、単に放送法などの関連法令の具体的規定に違反しないというだけでは到底充足できるものではありません。

ところが、実際には、日本のテレビ放送事業は、「放送法に違反しない範囲で利潤を最大化する」という単純な自由競争と法令遵守の組み合わせの考え方で行われているように見えます。それが、TBS「朝ズバッ」の問題が示すように、限りなく真実性に問題がある放送が行われ、それによって視聴者が、多くの問題について誤った認識理解をしてしまうことにつながっているのが現状です。それが、日本の社会に深刻な弊害をもたらしているのです。

放送法三条の二では、「放送の内容に関して公安及び善良な風俗を害しない」「政治的に公平である」「報道は事実をまげないでする」「意見が対立している問題については、できるだけ多くの角度から論点を明らかにする」といったことを求めています。

放送内容がこれらの制約に反していないことを、国家の介入によることなく、放送事業者自らが番組基準を作成し、それに反するものは制作しないという形で、まず放送事業者の自主的な対応によって番組の編集を行う（三条の三）、そして、それを放送番組審議機関という第三者的側面を持った機関のチェックを受けることで担保する（三条の四）というのが放送法の枠組みです。

つまり、国家や行政の介入をできるだけ排することで表現の自由や報道の自由を守り、公平性や真実性など社会が報道に求めている様々な要請に対しては、放送事業者が自主的に実現していくというのが放送法の趣旨なのです。

放送事業者は、このような趣旨を尊重し、その枠組みが十分に機能するように努めなければなりません。放送法の具体的な規定に反しない範囲で自由競争を行っていればよいということでは決してないのです。

ところが、多くの放送事業者は、そこを履き違え、放送法の規定に違反しない限り自由に視聴率競争をしてよいという考え方で、放送事業を運営しているように見えます。そこに、テレビジャーナリズムをめぐる問題の根本があるのです。

放送事業者が営利追求に走ると、真実ではない放送が行われる危険性が高まります。

第一に、利益を増やす一つの方法がコストを削減することです。それによって真実性を確保するために必要な取材費用が削られることになります。また一方で、収入を増加させる方法は視聴率を上げることですが、そのための手っ取り早い方法は、視聴者が「おもしろい」と思ってくれることです。人は、まったくの作り話よりも、事実に興味がありま す。その事実を脚色して、誇張したり歪曲《わいきょく》したりすると、視聴者にとってはおもしろい話になります。それが、バラエティ番組の中でのニュースなどで、事実が歪められることにつながるのです。

放送法の趣旨は活かされていない

放送事業者の自浄努力に期待する放送法の精神そのものは、決して間違っているとは思いません。放送事業に関するさまざまな問題に国家が積極的に介入する状態は、好ましいことではないし、表現の自由や報道の自由を貶《おとし》めることはあってはならないことです。国家が報道を厳しく管理していくことは絶対に避けるべきです。

ただし、そのような前提に立ったうえで、法の運営に際して、権利侵害の恐れがある放送を行ったときの放送事業者の対応を、きちんと評価する方向に変えていくことが不可欠です。しかし残念ながら現在はそのようにはなっていません。それどころか事実を解明しないほうが得をする状態になっているのが現実です。

間違いを指摘された際、積極的に調査を行い、真実を明らかにした者が重いペナルティを受けて、「事実不明」で曖昧に対応した者は不問に付されているという実態では、放送事業者が事実を明らかにすることに消極的になるのは当然です。これでは放送法の趣旨が放送業界に反映されることはありません。

こうした放送事業者をめぐる状況は、様々な社会問題に関して思考停止状態を助長するマスメディア報道全体に共通する面があります。もちろん、放送法の枠組みが適用されるのは放送事業者だけですので、新聞や雑誌等のメディアには関係ありません。また、同じ放送事業者でも公共放送を行う特殊法人のＮＨＫの場合は、営利追求によって真実ではない放送が行われる危険性が生ずるということは基本的にはありません。しかし、放送事業者一般について言える「真実性に関する問題を自主的に明らかにするインセンティブが働かない仕組み」という面では共通性があります。

必要とされる報道の真実性等についての自主的検証

マスメディア報道は、通常やりっ放しで、その後に自主的な検証やフォローが行われることはほとんどありません。そこに大きな問題があるのではないかと思います。

真実に反する報道が行われたときでも、正面から訂正記事を掲載したりすることは、ほとんどありません。それは、マスメディア報道全体が、「真実性のドグマ」にとらわれているからではないかと思われます。

ジャーナリズムには、真実に迫るための最大限の努力が求められるのは当然ですが、真実であるとの確証まではつかめない場合でも、事柄の性格によってはあえて取材結果を報道すべき場合もあります。また、速報性が要求される場合、まだ不確かな情報しか得られていない場合でも、その情報をあえて報道することが求められる場合もあります。そういう意味では、報道内容が百パーセント真実ということは、もともとあり得ないはずです。

問題は、報道した内容について真実性に問題があるとの指摘があった場合にどう対応するかです。自主的に報道内容の真実性を検証し、その結果、真実性に問題があれば速やかにその事実を認めて公表し、真実性に問題がある報道を行うに至った事情についても検証することが必要です。真実性に問題があっても、事情を総合的に勘案するとやむを得ないという結論になる場合もあり得ます。

ところが、「報道内容は常に真実でなければならない」という建前を維持しようとするので、真実に反する報道という「あってはならないこと」が行われたのではないか、について客観的な検証を行うことに消極的になってしまうのです。

自主的に報道内容を検証することを通して、報道の対象とした過去の問題について、正しい認識理解を持つという姿勢を維持していれば、マスメディアが、世の中で起きる問題について可能な限り真実に迫り、それを適切に分析することも可能になります。

そのようなマスメディアとしてのコンプライアンスを取材・報道の中に正しく組み込んでいくメディアが、社会から信頼を得て生き残り、そうでないメディアが淘汰される環境を実現することが必要なのではないかと思います。そうでなければ、マスメディアをめぐる状況は改善されず、この国の思考停止状態はますます深刻化していくのではないでしょうか。

第7章　「遵守」はなぜ思考停止につながるのか

「法令遵守」と「規範遵守」

これまで、多くの事例を基に述べてきたように、「遵守」という考え方や姿勢が、多くの人を思考停止状態に陥らせ、社会に様々な弊害をもたらしています。

なぜ、「遵守」が思考停止を招くのか、なぜ、社会に弊害をもたらすのか、ここで「法令の「遵守」の問題と、「偽装」「隠蔽《いんぺい》」「捏造《ねつぞう》」「改ざん」などの言葉で、あたかも社会的規範に反しているようなレッテル付けが行われて一方的に非難される「規範遵守」の問題とに分けて考える必要があります。

法令の「遵守」によって弊害が生じる大きな要因は、社会の多様性と変化です。

社会の中で起きる事象は、同じように見えても、一つひとつ個性があり、まったく同じものはありません。また、社会の変化に伴って、法令による禁止が前提としている社会の状況自体が変化していきます。

近年、高度情報化の進展に伴い、社会の隅々にまで様々な情報が提供されることによって、ますます社会は多様化しています。しかも、社会の変化の速度は急激に高まっています。社会が多様になればなるほど、そして、変化が激しくなればなるほど、社会事象と法令の内容との間に乖離《かいり》が生じやすくなります。

それだけに、ある時点での一定の範囲の社会事象を前提に定められた法令は、すべての社会事象に適合するものではありませんし、社会の変化に伴って、現実に発生する社会事象との間でギャップが生じてしまいます。

「文化包丁」と「伝家の宝刀」

法令と社会事象との乖離によって弊害が生じないようにする方法には、次の二つがあります。

一つは、社会の多様性と変化に対して、法令の内容自体を柔軟に変化させることで、法令と実態との乖離が起きないようにする方法、もう一つは、法令と実態との乖離が生じることは致し方ないことと考えて、実態と乖離した法令は、できるだけ使わないで、社会内の問題解決は他の手段によって行っていく方法です。

前者の方法をとってきたのがアメリカ、後者の方法がとられてきたのが従来の日本の社会でした。

アメリカは、司法、すなわち、法令による問題解決を中心とする国家です。司法の機能を極限まで高めていくことで国としての統一性と社会の秩序を守ろうとする国です。法令が社会や経済の実態と適合するようにするために膨大なコストをかける国です。

日本と比べると人口当たり何十倍もの弁護士がいて、社会の隅々からトラブルを訴訟の場に持ち込みます。そのような具体的ケースについての裁判所の判断が蓄積して法が形成されていくという「判例法」中心なので、その分、法が社会や経済の実態に柔軟に対応することになります。そして、そういう法に違反する行為に対しては刑事でも民事でも厳しいペナルティが科されます。損害賠償も、悪質な違法行為を行った者に対しては実際に生じた損害だけではなく、その数倍、数十倍もの懲罰的損害賠償が命じられます。その賠償額のかなりの部分は弁護士の報酬になるので、弁護士が損害賠償請求の訴訟を起こすことに積極的になるのです。そういう弁護士の力も活用して、徹底して法を守らせることで、法が社会の中心で十分に機能するようにしようとするのがアメリカの社会だと言えます。

一方、日本では、様々な分野について法が精密に作られていますが、それが実際に適用されることはほとんどなく、社会の中心部で問題を解決する機能を果たしてきたわけではありませんでした。法は象徴的に存在しているだけで、実際に社会内で起きたトラブルを解決するのは、慣行や話し合いなど法令や司法以外の様々な問題解決手段でした。

日本において刑事司法は、経済社会の中の異端者、逸脱者を社会の外に弾き出す機能、民事司法というのは、社会の中で普通の人があまり起こさないような、感情的な対立等に基づく争いなどの、普通の手段ではどうにも解決できないようなトラブルを解決する機能を果たしてきました。普通の人が普通に起こすトラブルではなく、滅多に起きないような特殊な問題を解決するために出てくるのが司法で、そこで使われるのが法令でした。要するに、日本では、法令というのは社会の中心部ではなく、周辺部分でしか機能してこなかったのです。

このようなアメリカの社会と日本の社会のアプローチの違いは、人間と法令の関係にも大きな違いを生じさせます。

アメリカでは、法令が市民にも身近なものとして経済社会の中で機能しており、多様性や変化に対応して法令を社会の実態に適合させていくためのシステムが作られています。

ところが、日本では、これまで、社会の周辺部分でしか機能してこなかった法令は、市民にとって身近なものではなく、市民生活や経済活動の中で実際に使いこなすようなものではなかったので、社会の実態とズレることが多かったのです。しかし、ズレていても、もともと法令と関わり合いになることが少なく、ごく稀に特別のことが起きて法令と関わり合いになることがあっても、そのときだけ、「遵守する。そのまま守る」という対応をしていればよかったのです。

こうした日本とアメリカの社会での人間と法令の関係の違いを刃物にたとえるならば、アメリカにおける法令は「文化包丁」のようなものだと言えましょう。日頃から研いで手入れをして、いざというときにすぐに取り出して使いこなすのです。

一方、日本は神棚の中に祭った「伝家の宝刀」のようなものです。同じ刃物でも伝家の宝刀は物を切るために使いません。神棚の中に存在していることに意味があるわけです。ごくたまに、何か特別に困ったことがあると神棚に向かう。そのときに初めて目にするのが伝家の宝刀です。しかし、それを取り出して使うのではなく、そのまま拝み崇《あが》め奉《たてまつ》るのです。それと同様に、法令に対する日本人の姿勢は、「何も考えないで、そのまま守る」というものです。滅多に関わり合いにならないので、ごくたまに関わり合いになるときには、拝んで、そのまま守っていれば、通り過ぎていってくれる。これが今までの日本社会における、人間と法令の関係でした。それが、冒頭で述べたように、水戸黄門の印籠が出てきたときには、その前にひれ伏す、という非日常の世界なのです。

「法化社会」と「法令遵守」

ところが、二〇〇〇年前後から、経済構造改革の名の下に、経済活動や企業活動が大幅に自由化される一方、様々な分野で法令の強化・徹底が進められていきました。そして、その頃から、頻繁に聞かれるようになった言葉が、「法令遵守」を意味する「コンプライアンス」です。「法化社会」という言葉に象徴されるように、経済社会における法令の機能の強化が図られ、法令が社会の中心部分の至るところに存在するようになってきたのです。

法令が身近なところに存在するようになれば、法令に対する姿勢を、手元に置いて使いこなすという方向に転換していかなければなりません。しかし、明治以来日本人が百数十年以上も続けてきた法令に対する「遵守」の姿勢はなかなか変わりません。法令を目にすると、ただただ拝む、ひれ伏す、そのまま守るという姿勢のために、法令を「遵守」することが自己目的化し、なぜそれを守らなければならないのかを考えることをやめてしまうという「思考停止」をもたらしているのです。

要するに、日本の社会が法令に対してとってきた単純な「遵守」という姿勢は、法令が社会の周辺部分にしか存在しておらず、社会内の問題解決は法令以外の手段で行われていたからこそ、それなりにバランスがとれていたのです。中途半端に社会のアメリカ化が行われたために、法令が社会の中心部にどんどん入り込んできて、どうしても関わり合いを持たざるを得ない存在になってきたのに、法令に対する姿勢が変わっていないために、それを使いこなすことができず、何も考えないまま法令に押しつぶされそうになるという「法令遵守」の弊害が生じてしまっているのです。

「遵守」が法令以外にも広がる

もう一つの問題は、「遵守」という姿勢が、法令以外のものにも向けられ、その弊害が一層拡大しているということです。

私は、かねてから「コンプライアンス＝法令遵守」という考え方が誤っていると言い続けてきました。そういう私の言葉に多くの人が大きくうなずいて「まったくその通りだ。コンプライアンスは法令遵守とイコールではない」と言ってくれるのですが、多くの人がこの二つがイコールではないと言っている意味は、「コンプライアンス＞法令遵守」です。「コンプライアンスは法令遵守より大きい。社会規範も倫理もすべて遵守しないといけないのに、法令だけ遵守すればよいというようなことを言っているからダメなんだ」という説教じみた言い方です。実は、このように「遵守」の対象を法令だけではなく、社会的規範にまで拡大させる考え方のほうが一層大きな問題を生じさせているのです。

前章までで述べてきたように、「偽装」「隠蔽」「改ざん」「捏造」などが、法令に違反するか否かにかかわらず、「不正行為」として批判、非難の対象とされるのは、これらの行為が社会的規範で禁止される行為だと無条件に当てはめてしまっているからです。その禁止に違反したと評価されると一切の弁解ができなくなり、「法令遵守」に反したのと同等の評価を受けるということなのです。

本来社会的規範というのは、法令と社会、経済の実態との乖離を埋め、法令の硬直性をカバーするということで、「法令遵守」の弊害を解消するものです。

しかし、それらも「遵守」による思考停止状態の下で、単純な当てはめによって「不正行為」に対する一方的な非難につながると、逆に「法令遵守」以上に大きな弊害をもたらします。

法令であれば、その適用範囲について条文の文理解釈や判例の積み重ねなどから一定の限界があります。ところが、もともと、その意味するところが曖昧な「不正行為」の禁止は、勝手に解釈すればその適用範囲が不当に拡大します。そして、それが独り歩きし、「不正行為」を行ったのだから弁解の余地はない、と一方的に非難されることで、「遵守」の弊害を世の中じゅうにまき散らすことになります。

第1章で述べた不二家問題では、当初は、不二家は、「発覚すれば雪印の二の舞」という言葉で社内に箝口令をしいて作為的に隠蔽を行おうとしたと決めつけられたために、健康被害もその恐れもまったくない消費期限切れ牛乳の原料使用の問題で、厳しい社会的批判を受けました。その後、不二家の社内で作為的に事実を隠蔽した事実はないことがわかったのですが、それでも不二家に対するバッシングは治まりませんでした。不二家に向けられた「隠蔽」という言葉の意味が、いつの間にか、作為的な隠蔽ではなく、単に過去の事実を開示しなかったという「不作為」の意味に変えられてしまったのです。

それが、その後の食品不祥事で、事業活動に関して何か問題を発見した場合には、それを公表しないと、すべて「隠蔽」としてマスコミから批判を受けることにつながっていきました。同じ第1章で述べた伊藤ハム問題では、工場で食品製造用に使用していた地下水から微量のシアン化合物が検出されたという事実を、ただちに公表し、製品の回収措置をとらなかったことが、「隠蔽」と評価され、厳しい批判を浴びました。国際的なガイドラインの七分の一という日本の厳しい水質基準を短期間若干上回っただけで、食品自体からはまったくシアン化合物は検出されていないケースで、本当に公表・開示する必要があったのか、という議論は、伊藤ハムに対する圧倒的なバッシングの中で完全に封殺されました。

第2章の耐震強度偽装の問題でも、「偽装」(当初は「偽造」と呼ぶメディアもありました)に社会の関心が集中したのは、それが、法律に具体的に違反するからではなく、「偽装」という言葉自体が「許すべからざる悪質な不正行為」というイメージを持っていたからでした。

そして、極め付けは、厚生年金「改ざん」問題において、「改ざん」という言葉が果たした役割でした。第5章で詳しく述べたように、そもそも「改ざん」という言葉が、社保庁職員が事業主にも従業員にも無断で標準報酬月額を勝手に変更することを言うのか、事業主が従業員の標準報酬月額を勝手に引き下げる行為に社保庁職員が関わることを言うのか、社保庁職員が事業主の標準報酬月額を引き下げるように働きかけることを言うのか、何を意味するのかが曖昧なまま、社保庁職員が組織ぐるみで「改ざん」に関与したという批判が一方的にエスカレートしていきました。

このように、「偽装」「隠蔽」「改ざん」などという「不正行為」を意味する言葉は、いつの間にか拡大解釈され、明文化された法令に違反する行為と同等、あるいはそれ以上に、大きな批判の対象になるということが頻発しているのです。

旧来の日本の社会では、「遵守」の対象は「法令」でした。それが滅多に関わり合いにならない非日常的な世界だからこそ、たまたま関わったときには、何も考えないで、そのまま「遵守」していればよかったのです。社会内の多くのトラブルや揉め事は、「法令」ではなく、社会的規範や倫理などに基づいて解決していたわけですが、そこでは、当事者や関係者がそれなりに自分の頭を使って、あるいは他人の知恵を借りて、話し合いをまとめるという努力をしてきたのです。それは「遵守」という態度では決してありませんでした。社会の中で「法令」が占める狭い領域だけが「遵守」の世界で、その周りの「社会的規範」が占める大きな領域では「遵守」という単純な姿勢はとられていなかったのです。

ところが、今の日本の社会では、「法令」の領域が「遵守」の世界のまま拡大し、しかも、その周りにある「社会的規範」の領域までが「遵守」の世界に侵されつつあります。こうして、日本中が「遵守」に席巻され、「控えおろう」の掛け声とともに、水戸黄門の印籠が、そこら中で、のべつ幕なしに出てくるという状況になっているのです。

終章　思考停止から脱却して真の法治社会を

「思考停止」からどう脱却するか

これまで、「遵守」という姿勢が、多くの人々を思考停止に陥らせている現実を見てきました。

この国が、企業、官庁などの組織が、そして、そこに所属する個人が、この思考停止状態から脱却し、より良い社会をめざしていくパワーを回復することができなければ、日本の未来はありません。深刻な経済危機から回復することもできず、衰退の道を辿ることになりかねません。

では、私たちの社会が、「遵守」による思考停止から脱却し、パワーを取り戻すためにはどうしたらよいのでしょうか。

まず、「遵守」による思考停止から脱却するということは、「水戸黄門の印籠《いんろう》を出されてひれ伏している」という姿勢をやめ、頭を上げて、その印籠をしっかり見るということです。これまでは、それをしようものなら「無礼者。頭《ず》が高い」という怒声を浴びせられ「お手打ち」に遭うのが怖くて、頭を上げられませんでした。印籠は何を意味しているのか、その論理というのは、どういうものなのか、正面から問い直す態度をとらなければ、永遠に、その場にひれ伏したままなのです。

まず、頭を上げて、印籠にしっかり向き合っていくことが、国民みんなが生き生きと暮らしていける、働いていける日本の未来を作っていくドラマの始まりなのです。

そのような行動を、個人から複数の人間に、そして、組織に、さらに社会全体へと拡大していくことで、「遵守」のプレッシャーを乗り越えて、より良い社会を作っていくためのパワーが高まっていきます。そのためには、二つの要素が必要となります。一つは、その行動が社会の要請に応えていくという方向をめざしていること、そして、もう一つは、個人の行動にとどまるのではなく、複数の人間の、組織内の、さらに社会内のコラボレーションの関係が作られることです。つまり、社会的要請に対する鋭敏さ（センシティビティ：sensitivity）と、人や組織がお互いに力を合わせること（コラボレーション：collaboration）の二つの組み合わせによって、より良い社会を実現するためのパワーを高めていくことができるのです。

社会的要請に対するセンシティビティの第一の要素は、「社会的要請に応えたい」という個人の思いと姿勢です。人は誰しも、自分のやっていること、自分の仕事が少しでも社会の役に立っていてほしいと思っているはずです。しかし、往々にして、それが、何も考えないで決められたことを守ればよいという「遵守」のプレッシャーに阻まれて、行動として現実化しないのです。

センシティビティの第二の要素は、社会的要請を正しく把握し、複数の要請にバランスよく応えていこうとする基本的な方向性が定まっていることです。せっかく、社会的要請に応えたいという思いと姿勢を持ち合わせていても、めざすべき方向性が一致していないと、複数の人間のあいだや組織内でコラボレーションの関係を作ることはできません。めざすべき基本的な方向について共通認識を持ち合っていることが、コラボレーションの条件です。

センシティビティの第三の要素は、状況の変化、環境の変化に鋭敏に反応し、臨機応変に動いていくことです。急激に変化している現在の経済社会においては、この変化に対応できる組織としてセンシティビティを高めていくこと、そのための組織内のコラボレーションの関係を維持することが極めて重要です。そのような鋭敏性を高めていくことで、組織は環境変化に適応し、進化を遂げることができます。

社会的要請をどう把握するか

まず重要なことは、社会的要請をどのようにして把握するのか、複数ある要請にどう応えるかについて基本的な方向性が正しいことです。この点について何らかの客観性がないと、行動の正しさについて共通認識が持てませんし、コラボレーションの関係も作れません。

その点に関して重要な手掛かりを与えてくれるのが法令です。法令が定められたことの背景には何らかの社会的要請があるはずです。そして、その基本的な内容は社会のコンセンサスを反映しているはずです。法令の具体的規定をそのまま「遵守」するのではなく、法令の趣旨・目的と基本的な解釈を自分の頭で理解することによって社会的要請を把握することができます。そして、社会的要請という観点から考えれば、法令の適用の妥当性を判断することもできるのです。

このように、法令について「社会的要請」を踏まえた解釈や適用を行うためにはノウハウ・スキルが重要となります。

そこで必要とされるのが後で詳述するように法律家です。「社会的要請に応える」基本的な方向性に関しては、法令を単純に遵守するのではなく「法令を適切に使いこなすこと」が必要です。そこでは、「法令遵守」以上に高いレベルの法令の理解と、関連する社会的規範との関係の的確な把握が求められるのです。

例えば、第1章で述べた伊藤ハムの問題について、伊藤ハムの行為は水道法にも食品衛生法にも違反するものではありません。また、工場で食品製造用に使用していた水から微量のシアン化合物が検出されたことを公表するよう行政指導した柏市保健所は、伊藤ハムが食品衛生法の委任を受けた柏市食品衛生法施行条例に違反するととらえたようですが、法律家としての目から見て、そのような解釈が疑問であることは、すでに述べたとおりです。しかも、まったく健康被害が考えられないのに、そのような問題の公表を行うことで消費者に多大な誤解を与えることを考えれば、「社会的要請」という観点からも、公表が求められる場合ではないことは明らかです。

食品製造用の水からシアン化合物が検出された事実の「隠蔽」という「印籠」を突き付けられた伊藤ハムは、このような法律解釈、社会的要請との関係などを十分に理解したうえで、印籠に対して「頭を上げる」ことを考えるべきだと思います。保健所からの行政指導を受けた段階や公表直後の段階では、指導を拒否したり、正面から反論することは、バッシングを一層拡大するだけです。世間のこの問題に対する反応が落ち着いた後に、改めて、根本から問題提起すべきだと思います。

柏市保健所の行政指導の実質的な根拠となった法律解釈に問題があり、相当性を欠いた違法な行政指導だったとして、国家賠償請求訴訟を提起するのも伊藤ハムにとって一つの選択肢です。食品衛生の専門家や、第1章で述べた、最近の食品報道を批判している心あるジャーナリストの人たちは、必ずそれに反応して、伊藤ハムの提訴に理解を示し、コラボレーションに加わるはずです。伊藤ハムが、この問題で国家賠償請求を行うことは、第一章で述べた食品企業の相次ぐ「不祥事」と大規模回収という、今の日本の異常な状況に大きな一石を投じることにもなります。業界を主導する立場の食品企業の社会的責任と言えるのではないでしょうか。

「社会的規範」をどう活用するか

もう一つ重要なことは、マスコミなどによって、法令に直接違反しない問題について、「偽装」「改ざん」「隠蔽」「捏造」などの言葉で、あたかも社会的規範に反している行為のようなレッテル付けをして「印籠」を出す、その「遵守」を押し付ける、という動きに対してどう対応するかです。

ここで、改めて、「社会的規範」というものの意味を考えてみる必要があります。「社会的規範」というのは、社会の中で、人々がその価値を認め合って、大切に守っていこうという基本的合意ができているルールです。法令に定められていないことでも、社会的規範が守られることによって社会の健全性を確保することができます。それは法令のように明文化されたものではないので、何らかの事象の解決について適用するのであれば、それをめぐる当事者や社会全体のコンセンサスが必要になります。

つまり、「社会的規範」がその本来の機能を果たすためには、それを無条件に守ることを強制する「遵守」の関係ではなく、「ルールとしてお互いに尊重する」という関係が必要なのです。「社会的規範」に関しては、「遵守」のような上命下服の世界ではなく、人間同士が、そして組織間がフラットな関係であることが必要なのです。

「社会的規範」は、まず、法令を補充するもの、法令に柔軟性を与えるものとして位置づける必要があります。そして、「社会的規範」を根拠に何らかの「禁止」を導き出して、社会的な批判・非難を行うのであれば、そこでは、法令の世界に準じたやり方を行う必要があります。それは、十分な証拠に基づいて、十分な弁解の余地を与えるなどの適正な手続を経た上で行うということです。

「偽装」「改ざん」「隠蔽」「捏造」などの言葉でレッテルづけをして、一旦それに当たると決めつけると一切の弁解・反論を許さないで徹底して批判・非難するというやり方が、「社会的規範」に基づくものとは、およそ異なることは明らかでしょう。

「社会的要請に応えること」についての法律家の役割

「遵守」による思考停止から脱却して「社会的要請に応えていくこと」をめざしていくためには、法令の趣旨・目的と基本的な解釈をベースに社会的要請という観点から法令適用の妥当性を判断し、問題があれば積極的に指摘していくことが必要です。そして、「社会的規範」を根拠とする批判・非難や不利益を課す動きに対しては、法的手続に準じた手続的保障を確保することが必要です。そこには法的なノウハウ・スキルが求められます。そこで大きな役割を担うのが法曹資格者を中心とする法律家です。ここで必要とされる法律家の能力は、従来の司法の世界とは大きく異なります。

再三述べているように、旧来の日本では、司法の世界は社会の周辺部分でしか機能していませんでした。それは、社会内の普通の人が普通に起こすトラブルではなく、異端者・逸脱者や感情的対立の当事者など、普通ではない人が起こす特殊なトラブルでした。

そういう特殊な問題の解決を委ねられるのが法曹資格者で、そういう人たちに「遵守」させるべき法令の解釈を行うことや適用されるべき法令を示すことが、法曹資格者の仕事の中心でした。法廷という一般社会や経済社会からは隔絶された司法固有の世界での争訟に関連する業務が中心で、非日常の世界である水戸黄門のドラマにたとえれば、「控えおろう」と言って印籠を示して人々をひれ伏させる「格さん」や「助さん」の役割が法曹資格者の基本的な役割だったのです。

「社会的要請に応えること」をめざして活動していく場合は、法律家には、従来とは異なった重要な役割が期待されることになります。それは、一言で言えば、個人や組織が法令を使いこなすことをサポートしていくことです。法令と社会的規範の相互関係を把握し両者のインターフェース（接点）の機能を果たしていくことです。

今後、日本の経済社会において、「社会的要請に応えること」をめざす活動によって「法令遵守」による思考停止状態からの脱却を図っていくのであれば、あらゆる分野で、経済社会の実態を十分に理解した上、問題になっている事項について事実関係を解明し、法律の解釈と適用ができる能力を持つ法律家が、原動力になっていく必要があります。そのためには、法律家、とりわけ、その中心的役割を果たすべき法曹資格者が、経済社会に対して開かれた、身近な存在になり、企業人、経済人と本当の意味でコラボレーションできる関係を構築していかなければならないと思います。

法曹養成改革の思考停止

裁判員制度導入と並ぶ司法制度改革のもう一つの目玉が、法科大学院の創設による法曹資格者の大幅増員です。

しかし、このような法曹養成制度の「改革」では、その目的とされている「市民に身近な司法」も、経済社会における司法の機能の拡大も、まったく実現できないと言わざるを得ません。法科大学院修了者の司法試験合格率が三割余に低迷する一方、若手弁護士の就職難が深刻化している現状は、法曹資格者の増員という改革を思考停止状態で行ってきたことの当然の結果です。

制度改革の前提として、法曹資格者を大幅に増やせば、それに伴って法曹資格者に対するニーズが拡大するだろうとの予測があったわけですが、それは、まったく的外れの予測です。

前述したように、日本の司法はこれまで社会の周辺部分で特殊な問題を解決する機能しか果たしておらず、市民生活や経済活動の中で発生する様々なトラブルの解決という経済社会の中心部のニーズに応えるものではありませんでした。そういう司法の世界を担ってきたのが法曹資格者の世界です。その世界を従来のままにしておいて、法曹資格者の数だけを増やしても、ニーズが高まるわけではありません。大幅な需給のミスマッチが生じるのは当然です。

法曹資格者に対するニーズを拡大しようと思えば、経済社会の中心部で使いこなせるように法曹の世界を変えていかなければいけません。しかし、従来の司法の世界に慣れ親しんできた法曹資格者によって行われている法曹教育では、それは困難です。基本的に従来と同じように法廷での訴訟活動を行うための能力・知識中心の司法試験制度が維持され、その試験に合格することばかりを目的として法科大学院の教育が行われているわけですから、そこで生み出される法曹資格者が旧来の司法の世界の人間と同質になってしまうのは当然です。それでは幅広い経済社会のニーズに対応することはできません。

そういう世界に、法曹資格をめざして大量の若者たちが迷い込んだ結果、司法試験に合格して司法研修所を出ても、まともな就職ができない弁護士が多数出る一方、法科大学院を出ても司法試験に合格できない大量の司法浪人が発生するという、深刻な事態が生じているのです。

法廷で通用する法律知識、訴訟技術を有する者に法曹資格者の資格を与えるという旧来の考え方を大幅に転換し、経済社会における法的問題に対応できる能力を有する人材にも法曹資格を与えることにし（イギリスでは法廷弁護士〔Barrister〕と事務弁護士〔Solicitor〕の資格が区別されています）、法科大学院教育を、そういう資格者を育成する方向にも展開させることが不可欠だと思います。

それによって、個人や組織が、「遵守」による思考停止状態から脱却して「社会的要請に応えること」をめざして活動することに貢献できる法律家を養成することも可能になります。

「真の法治社会」をめざして

私たちは、法令や「偽装」「改ざん」「隠蔽」「捏造」などの言葉の前に服従を強いられる「遵守」の世界とそこでの思考停止状態から、まず脱却しなければいけません。その上で、めざしていくべきは、法令を中心にして市民が理解し合い協力し合う「真の法治社会」です。あらゆる分野の問題について、立場の違いや専門知識の有無の違いなどを超えて、関心を持つ市民が共通認識を持つことができるようコミュニケーションを図り、対等に話し合い理解し合うフラットなコラボレーションの関係を拡大していくことです。そこでは、関連する多くの社会的要請の相互関係を把握し、法令や社会的規範との関係などを的確に整理することが必要です。このような市民のコラボレーションの関係の中で、市民が法令を大切に使いこなすサポートをする役割を果たすのが、広い意味の法律家です。

世の中には、重罪を犯した犯罪者の処罰や感情的な対立を背景にした民事紛争など、「法令」の厳格な適用と遵守という司法固有の機能によらなければ解決困難な問題も存在します。そういう問題解決に特化してきたのが旧来の法曹資格者です。

しかし今、日本の社会が直面している問題の多くは、そうではありません。そこで必要なのは、問題の背景になっている状況を正確に認識し、価値観を共有することです。食品をめぐる問題についても、建物や構造物の性能に関する問題、年金をめぐる問題についても、根本的には、それがどういう問題なのかが関係者や市民に理解されていないために誤解が生じ、それが不信の連鎖につながっているのです。企業・官庁と消費者・国民との間に健全なコミュニケーションを図っていくことが、相互の信頼関係を取り戻すことにつながるはずです。

個人個人が、そして、企業、官庁、各種団体などあらゆる組織が、「社会的要請に応えること」に向けて、法令やそれをカバーする社会的規範を、大切に使いこなしながら、力を合わせ生き生きと活動していく「真の法治社会」をつくっていくこと、それが、二一世紀の日本が社会の活力を取り戻していく唯一の道ではないでしょうか。

講談社現代新書　1978

思考停止社会《しこうていししゃかい》——「遵守《じゅんしゅ》」に蝕《むしば》まれる日本《にっぽん》

二〇〇九年二月二〇日第一刷発行　二〇一五年八月三日第一一刷発行

著者　郷原《ごうはら》信郎《のぶお》

発行者　鈴木　哲

発行所　株式会社講談社
東京都文京区音羽二丁目一二―二一　郵便番号一一二―八〇〇一
電話　〇三―五三九五―三五二一　編集（現代新書）
〇三―五三九五―四四一五　販売
〇三―五三九五―三六一五　業務

装幀者　中島英樹

印刷所　凸版印刷株式会社

製本所　株式会社大進堂

定価はカバーに表示してあります　Printed in Japan

N.D.C. 360　210p　18cm
ISBN978-4-06-287978-1

「講談社現代新書」の刊行にあたって

教養は万人が身をもって養い創造すべきものであって、一部の専門家の占有物として、ただ一方的に人々の手もとに配布され伝達されうるものではありません。

しかし、不幸にしてわが国の現状では、教養の重要な養いとなるべき書物は、ほとんど講壇からの天下りや単なる解説に終始し、知識技術を真剣に希求する青少年・学生・一般民衆の根本的な疑問や興味は、けっして十分に答えられ、解きほぐされ、手引きされることがありません。万人の内奥から発した真正の教養への芽ばえが、こうして放置され、むなしく滅びさる運命にゆだねられているのです。

このことは、中・高校だけで教育をおわる人々の成長をはばんでいるだけでなく、大学に進んだり、インテリと目されたりする人々の精神力の健康さえもむしばみ、わが国の文化の実質をまことに脆弱なものにしています。単なる博識以上の根強い思索力・判断力、および確かな技術にささえられた教養を必要とする日本の将来にとって、これは真剣に憂慮されなければならない事態であるといわなければなりません。

わたしたちの「講談社現代新書」は、この事態の克服を意図して計画されたものです。これによってわたしたちは、講壇からの天下りでもなく、単なる解説書でもない、もっぱら万人の魂に生ずる初発的かつ根本的な問題をとらえ、掘り起こし、手引きし、しかも最新の知識への展望を万人に確立させる書物を、新しく世の中に送り出したいと念願しています。

わたしたちは、創業以来民衆を対象とする啓蒙の仕事に専心してきた講談社にとって、これこそもっともふさわしい課題であり、伝統ある出版社としての義務でもあると考えているのです。

一九六四年四月　野間省一

政治・社会

1145 冤罪はこうして作られる　小田中聰樹
1201 情報操作のトリック　川上和久
1488 日本の公安警察――青木理
1540 戦争を記憶する――藤原帰一
1742 教育と国家――高橋哲哉
1965 創価学会の研究――玉野和志
1969 若者のための政治マニュアル――山口二郎
1977 天皇陛下の全仕事――山本雅人
1978 思考停止社会――郷原信郎
1985 日米同盟の正体――孫崎享
2053 〈中東〉の考え方――酒井啓子
2059 消費税のカラクリ――斎藤貴男
2068 財政危機と社会保障――鈴木亘
2073 リスクに背を向ける日本人　山岸俊男　メアリー・C・ブリントン
2079 認知症と長寿社会――信濃毎日新聞取材班
2110 原発報道とメディア――武田徹
2112 原発社会からの離脱　宮台真司　飯田哲也
2115 国力とは何か――中野剛志
2117 未曾有と想定外――畑村洋太郎
2123 中国社会の見えない掟　加藤隆則
2130 ケインズとハイエク　松原隆一郎
2135 弱者の居場所がない社会　阿部彩
2138 超高齢社会の基礎知識　鈴木隆雄
2149 不愉快な現実――孫崎享
2152 鉄道と国家――小牟田哲彦
2176 JAL再建の真実――町田徹
2181 日本を滅ぼす消費税増税――菊池英博
2183 死刑と正義――森炎
2186 民法はおもしろい――池田真朗
2197 「反日」中国の真実――加藤隆則
2203 ビッグデータの覇者たち――海部美知
2232 やさしさをまとった殲滅の時代　堀井憲一郎
2246 愛と暴力の戦後とその後――赤坂真理
2247 国際メディア情報戦――高木徹
2276 ジャーナリズムの現場から　大鹿靖明 編著
2294 安倍官邸の正体――田﨑史郎
2295 福島第一原発事故7つの謎　NHKスペシャル『メルトダウン』取材班
2297 ニッポンの裁判――瀬木比呂志

経済・ビジネス

知的生活のヒント

- 78 大学でいかに学ぶか 増田四郎
- 86 愛に生きる——鈴木鎮一
- 240 生きることと考えること 森有正
- 297 本はどう読むか——清水幾太郎
- 327 考える技術・書く技術——板坂元
- 436 知的生活の方法——渡部昇一
- 553 創造の方法学——高根正昭
- 587 文章構成法——樺島忠夫
- 648 働くということ——黒井千次
- 722 「知」のソフトウェア——立花隆
- 1027 「からだ」と「ことば」のレッスン 竹内敏晴
- 1468 国語のできる子どもを育てる——工藤順一
- 1485 知の編集術——松岡正剛
- 1517 悪の対話術——福田和也
- 1563 悪の恋愛術——福田和也
- 1620 相手に「伝わる」話し方 池上彰
- 1627 インタビュー術!——永江朗
- 1679 子どもに教えたくなる算数 栗田哲也
- 1684 悪の読書術——福田和也
- 1865 老いるということ——黒井千次
- 1940 調べる技術・書く技術——野村進
- 1979 回復力——畑村洋太郎
- 1981 日本語論理トレーニング——中井浩一
- 2003 わかりやすく〈伝える〉技術——池上彰
- 2021 新版 大学生のための レポート・論文術——小笠原喜康
- 2027 地アタマを鍛える知的勉強法——齋藤孝
- 2046 大学生のための知的勉強術——松野弘
- 2054 〈わかりやすさ〉の勉強法——池上彰
- 2083 人を動かす文章術——齋藤孝
- 2103 アイデアを形にして伝える技術——原尻淳一
- 2124 デザインの教科書——柏木博
- 2147 新・学問のススメ——石弘光
- 2165 エンディングノートのすすめ——本田桂子
- 2187 ウェブでの〈伝わる〉文章の書き方——岡本真
- 2188 学び続ける力——池上彰
- 2198 自分を愛する力——乙武洋匡
- 2201 野心のすすめ——林真理子
- 2298 試験に受かる「技術」——吉田たかよし

日本語・日本文化